中国社科研究文库
CHINESE SOCIAL SCIENCE RESEARCH LIBRARY

学习障碍返回抑制研究

——以初中生视觉搜索为视野

杨宇然 | 著

中国社会出版社
国家一级出版社 · 全国百佳图书出版单位

图书在版编目（CIP）数据

学习障碍返回抑制研究：以初中生视觉搜索为视野／杨宇然著．--北京：中国社会出版社，2021.7

ISBN 978－7－5087－6590－7

Ⅰ.①学… Ⅱ.①杨… Ⅲ.①初中生—学习障碍—研究 Ⅳ.①G442

中国版本图书馆 CIP 数据核字（2021）第 146176 号

书　　名：学习障碍返回抑制研究——以初中生视觉搜索为视野

著　　者：杨宇然

出 版 人：浦善新

终 审 人：王　前

责任编辑：陈贵红

出版发行：中国社会出版社　　　**邮政编码：**100032

通联方式：北京市西城区二龙路甲 33 号

电　　话：编辑部：（010）58124828

邮购部：（010）58124848

销售部：（010）58124845

传　真：（010）58124856

网　　址：shcbs. mca. gov. cn

经　　销：各地新华书店

中国社会出版社天猫旗舰店

印刷装订：三河市华东印刷有限公司

开　　本：170mm×240mm　1/16

印　　张：11

字　　数：120 千字

版　　次：2021 年 7 月第 1 版

印　　次：2021 年 7 月第 1 次印刷

定　　价：85.00 元

中国社会出版社微信公众号

自　序

注意，是我们完成各种心理活动不可或缺的资源。早在20世纪60年代，美国认知心理学家Treisman就提出了注意资源有限性观点。此后，关于注意资源的分配与使用问题一直是心理学界的研究热点，相应产生了很多研究范式专门针对这一研究领域，其中比较经典的包括注意瞬脱范式、返回抑制范式、Stroop范式等。其中，返回抑制范式主要用来研究注意过程中的选择与抑制的关系，本书主要介绍返回抑制的特征和形成机制。

本书以“返回抑制”现象作为切入点，通过对比的视角，研究学习障碍初中生视觉搜索过程中的注意特征和导致其注意缺陷的原因。

本书第一章为概述，对过往关于返回抑制、视觉搜索、注意资源分配模型及学习障碍初中生视觉注意的研究进行梳理，提出可以采用“返回抑制”经典范式，比较学习困难初中生和普通初中生返回抑制任务中的行为差异，分析学习困难初中生注意缺陷的特点。

本书第二章对比了普通儿童与学习障碍儿童在检测任务和辨别任

务中，不同SOA条件下返回抑制表现差异。结果发现：学习障碍者在返回抑制的出现时间和持续时间方面都落后于普通被试。从而得出推论，学习障碍者在注意启动速度和保持时间方面存在缺陷。

本书第三章对比了普通儿童与学习障碍儿童在序列线索化条件下与同时线索化条件下返回抑制容量的差异，发现两种实验条件下后者的返回抑制容量均小于前者。可见，学习障碍者的注意具有范围小、转移灵活度不够的特点。

本书第四章采用了动态范式，讨论返回抑制的产生基于空间还是基于客体，即返回抑制作用的参照系问题。结果发现：尽管两类被试都可以表现出基于空间返回抑制，但学习障碍者基于客体的返回抑制反转为提示效应；而普通组基于客体的返回抑制效应大于基于空间的返回抑制效应，说明基于客体的注意在视觉搜索过程中占优势，学习障碍个体在视觉搜索过程中，注意对于客体信息分析存在困难。

本书第五章设置线索－靶刺激一致、不一致两种条件下，分离了知觉抑制和反应抑制过程，普通儿童表现出明显的反应抑制，说明注意主要作用于反应抑制过程。对比而言，学习障碍儿童反应抑制不足，其注意不能够有效对抗无关干扰。

本书第六章要求被试在靶刺激不出现的情况下预判其出现在各个位置的可能性，其中一个位置曾经线索化。结果发现：普通被试对于靶刺激可能出现位置的判断存在非线索化位置偏好，非线索位置存在易化现象；而学习障碍者表现出对线索化位置的明显偏好。由此可见，返回抑制存在抑制和易化两种成分，学习障碍者对非线索化位置敏感性偏低，易化作用不明显。

本书深化了对于返回抑制机制问题的认识，为揭示学习障碍者注意特征提供了实证性支持，丰富了研究特殊人群注意问题的方法，研究的理论成果可转化为注意缺陷的筛查工具和训练内容，服务于学习障碍及其他具有注意困难的个体。

目 录
CONTENTS

第一篇

视觉搜索成长中的返回抑制理论探讨

第一章

视觉搜索过程中的返回抑制

第一节　返回抑制的概念

在日常生活中，“找东西”是人们再熟悉不过的事情，如在杂乱的桌面上找到车钥匙，或者在书架上寻找《心理学》教材，注意会为我们搜索并定位目标提供帮助。那么，注意仅仅是帮助我们发现目标吗？或者是在搜索目标的同时对于已经搜索过的位置设置屏障，防止重复搜索以提高效率呢？视觉返回抑制的研究讨论的就是这一问题。

Posner 和 Cohen 在 1980 年研究视觉搜索的过程中发现，当靶刺激出现在线索曾出现的位置时，人们对于靶刺激的反应时比它出现在非线索化位置时的反应时要长，线索不仅没有帮助视觉搜索，反而降低对于出现在线索化位置的靶刺激的反应速度。为什么会出现这种和常规推理相反的实验现象呢？接下来两位研究者对这种现象进行了更为深入、系统的研究，并于 1984 年联名发表题为“Components of visual orienting”的研究报告，专门论述了这一视觉搜索过程中这种有趣的视觉搜索现象，并将其命名为“返回抑制”。

靶刺激出现在线索位置返回抑制的得名，与其研究程序及研究者对这一现象成因的解释密切相关。Posner 和 Cohen（1984）研究返回抑制的经典程序如图 1-1 所示：

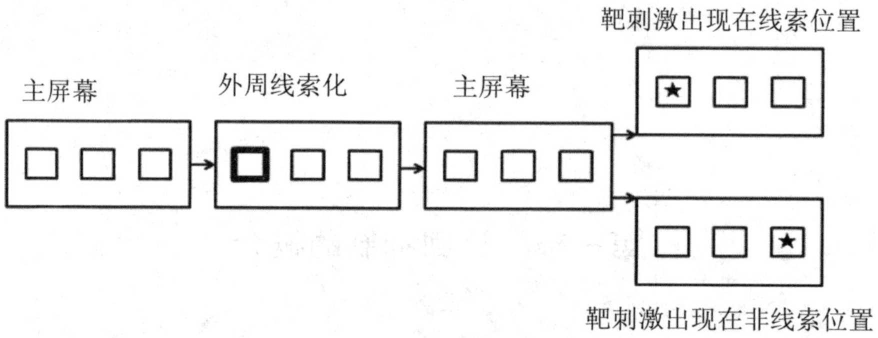

图 1-1 返回抑制研究的基本过程

Posner 等人采用的实验方法被后人称为“线索 - 靶子”范式，过程如下：

——呈现主屏幕。三个大小相等的小方框，中央一个作为注视点，左右两侧方框为外周刺激呈现位置。

——外周线索呈现。随机选择一个外周位置的小方框通过加粗线条的方式引起被试注意；这个过程称为“线索化”，线索出现的位置称为“线索化位置”。

——回到初始状态。

——靶刺激呈现。靶刺激可能呈现在曾经线索化的位置，此时靶刺激称为“线索化靶刺激”；也可能呈现在另一未被线索化的位置，此时的靶刺激称为“非线索化靶刺激”。

在以上研究程序中，将靶刺激与线索位置关系作为自变量，要求被试当靶刺激出现时进行按键反应，反应时间作为因变量，结果发现：当靶刺激出现在未曾线索化的位置时，反应时间更短；当靶刺激出现在曾经线索化的位置，反应时间长。Posner 和 Cohen 认为这种现象反映了人类视觉搜索的一个重要特性：视觉注意在返回曾经停留过的位置时会出现一定的延迟，表现出对已加工过的位置进行自动化的抑制，“返回抑制”称谓的来源正是基于这种解释。

值得一提的是，在 Posner 和 Cohen（1984）的研究中，采用的是单线索程序：仅对某一个外周位置进行一次线索化。但此后有研究者提出，既然返回抑制是注意从中央注视点返回外周位置时表现出的延迟现象，那么必须保证在靶刺激出现时，注意是在中央注视点，因此对单线索程序进行了改进，加入中央注视点线索化过程，将单线索程序改良为双线索程序，保证注意脱离外周位置回到中央注视点。

尽管 Posner 等人在最初研究中采用单线索程序观察到了返回抑制现象，但后来的研究者通过对比单线索程序和双线索程序发现，在相同的 SOA（Stimulus onset asynchrony，线索呈现到靶子呈现的时间间隔）条件下，单线索程序产生了提示效应，而双线索程序产生了返回抑制（Lupianez et al，1997）。由于双线索程序更符合返回抑制的理论假设，因此目前进行返回抑制研究时，普遍采用双线索程序。

此外，还有一点需要说明，关于返回抑制的研究中，除了通过对比靶子出现在线索化位置的反应时（RTcued）与靶刺激出现在非线索化位置的反应时（RTuncued）的大小来确定是否存在返回抑制：RTcued >RTuncued，说明存在返回抑制；反之，RTcued < RTuncued，说明出现返回抑制的反转，即提示效应。此外，还可以通过计算返回抑制量（返回抑制量 = RTcued - RTuncued）来确定返回抑制效应的明显程度。返回抑制量绝对值的大小可以说明提示或抑制效应的明显程度，绝对值越大，说明抑制（提示）效应越明显。将“返回抑制量”与“0”进行比较，或直接比较 RTcued 与 RTuncued 是否存在显著性差异，可以确定返回抑制量（提示量）是否具有显著性意义（Klein，2000）。

第二节　注意视觉搜索过程中的作用：选择与抑制

美国心理学之父威廉·詹姆斯（Willian James）在他的著作《心理学原理》中曾提出：注意是最值得研究的心理学问题，它关系着我们所有的心理活动。但遗憾的是在此后的近百年中，由于方法的局限，对于注意的研究始终难以深入。直到 20 世纪 50 年代，随着认知心理学的兴起，对注意问题的研究才取得了一些突破性的成绩，关于视觉注意提出了特征整合理论（Treisman，1988；Treisman et al，1980）、引导搜索理论（Wolfe，1994；Wolfe et al，1989）和决策整合假说（Palmer et al，2000）。在这三个理论中都提到，在视觉搜索过程中不仅有对于目标的选择与定位，同时存在另一种非常重要的现象：抑制现象。

Treisman 的注意特征整合理论认为，注意作为一种有限性资源，当面临竞争性资源分配工作情境时，就会对注意对象作出选择，选择过程既有主体主动的有意识参与，同时也包含了自动化的加工过程。具体来说，在注意工作的过程中，主体会根据需要作出主动选择：重点加工部门信息而选择性忽略另一部分信息。但是，被忽略的信息并非完全没有得到认知加工，只是和重点加工的信息相比，其加工程度不足，一般情况下不能够进入意识领域。但是，如果刺激信息本身强度极大，即使分配到的注意资源很少，没有得到足够的加工，剩余部分仍然能够进入意识领域并获得有效识别。特征整合理论中，视知觉加工过程分为两个阶段。第一阶段为特征搜索阶段，在这个过程中，视觉对于知觉目标的主要特征进行并行加工，如形状轮廓、空间方位等，这些特征信息的编码是彼此独立的。第二阶段是特征整合阶段，要将知觉目标的多个特征信息进行整合，Treinsman 认为空间方位标记在其中起到了重要作用。根据空间方位标记，知觉目标的各项零散表征信息得到整合，在这个过程中，如果能够分配到足够多的注意资源，信息便可以进入意识系统，并且能够调用已有知识网络中的经验信息，对其实现有效识别。在 Treinsman 的特征整合理论中，也对注意的抑制功能进行过论述。她认为，在注意加工过程中，固然会对一些重要的空间方位分配更多注意资源，以便对目标信息能够实现更加高效、准确和有深度的加工。例如，在我们要认识一个陌生人时，会将更多的注意资源放在其面孔上，对面孔信息进行更加深刻的加工，以便能够识别并记忆。但与此同时，注意也会抑制对无关信息或干扰信息的加工，使干扰信息处于低激活状态，变得更加不容易得到有效识别。注意的抑制作用和易化作用似乎是相辅相成的过程，抑制是为了更加突出核心内容的加工，为了保证核心内容的有效加工，必须选择性地抑制无关信息造成的资源浪费。

引导搜索模型是Cave和Wolf于1990年在特征整合模型修订的基础上提出的，研究者在实验中发现，对于色彩-形状、色彩-大小和色彩—方位特征的联合搜索，没有表现出特征整合理论所预测的系列搜索特点，而是对于三个特征的联合搜索（色彩-形状-大小）比两个特征组合的联合搜索更为容易，且刺激数量不影响搜索速度。由此可见，视觉搜索以平行搜索模式为主。Cave等人就是以此实验结果为依据，提出了“引导搜索理论”。

该理论认为，视觉搜索首先进行平行加工的特征觉察阶段，如色彩、大小、方位等特征信息，并将这些特征信息与自上而下的目标特征进行比对，每个特征均可以获得一定程度的激活，即赋予该特征一个激活值。接下来开始第二阶段的特征识别系列加工，根据第一阶段各个不同特征获得的激活值由高到低的顺序开展第二阶段的系列搜索，率先对激活程度高的特征进行搜索，若找不到结果，再对激活程度第二高的特征进行搜索，以此类推，直至发现目标。由于第二阶段的特征搜索顺序是由第一阶段平行加工过程中特征表征激活值决定的，因此第一阶段为第二阶段加工的先导，故称之为“引导搜索理论”。

人类的视觉系统担负着复杂的信息加工任务，相对于大量输入的信息而言，视觉系统的加工能力较为有限。作为一个资源有限性系统，在进行视觉搜索过程中，需要选择性地加工一部分信息而忽略另一部分信息。换言之，视觉搜索并不需要时刻对眼前所有信息都进行精细的加工处理，而只需要重点加工与当前任务相关的一部分信息即可，因此，在视觉搜索过程中，注意的选择与抑制功能发挥了极为重要的作用。可以认为，视觉搜索过程是聚焦和抑制密切合作的结果，成功聚焦保证了对于目标信息的有效加工，而良好的抑制功能保证了注意资源的有效分配，只有抑制对于无关信息、重复信息的加工，才能够保证关键性信息占有足够的认知资源，获得加工处理并进入更高级的认知活动阶段。

面对纷繁的环境，视觉搜索主要遵循两种途径：

其一，利用中央凹进行视觉搜索。神经生理学研究结果表明，视网膜中央凹聚集大量能够精确加工视觉信息的椎体细胞。当物体视像落在中央凹时，能够得到有效加工，而落在边缘视野的物象则难以得到充分加工处理，对物象的加工处理效果随着中央凹距离的增加而递减（Rodieck，1998）。

其二，通过注意调节完成视觉搜索的选择过程。什么样的刺激能最终落在中央凹受到精确加工并非随机、偶然的结果，这个过程受注意调节。在视觉搜索过程中，注意可以强化与目标关系密切的信息而抑制无关信息（Pashler，1998）。哪些刺激的网膜像能够落入中央凹并获得精细加工，由注意选择决定。注意选择对于视觉搜索具有决定性作用，有时被注意的刺激甚至在没能落入中央凹的情况下，仍然能够获得有效的加工，即所谓“余光效应”。

如果说，注意能够选择哪些刺激网膜像落在中央凹，那么，注意又是怎样完成这种意义重大的选择工作呢？在视觉搜索过程中，注意的选择控制包含了两个并行加工过程：

其一，外源性注意定向。外源性注意定向又称为自下而上的注意定向，当新异刺激出现在视野中，眼睛、头部甚至整个身体都会随之运动，即发生注意的朝向性反射，以便使得刺激物视像能落入中央凹而得到充分的加工。外源性注意定向的产生受刺激本身特点和主体意识状态影响。

其二，内源性注意定向。内源性注意定向是指有机体根据行为目标而采取的受意识控制的、策略性的定向行为。和外源性注意定向相同，内源性注意定向也受到刺激点和主体意识状态影响，但更主要的影响因素是主体的动机强度和策略使用水平。此外，注意选择还具有内隐性特征，不依赖眼动过程（Maylor et al，1985），虽然被注意意味着密集的眼动热点，但反之并不成立，视而不见的“变化盲视”现象就很好地说明了这一点（Simons et al，1998）。

有效的视觉搜索是外源性注意定向和内源性注意定向协同作用的结果，最终锁定目标需要二者平衡的相互作用（Jonides，1981；Muller et al，1989；Yantis et al，1990）。

迄今为止，关于视觉搜索过程中注意定向问题的论述有三种代表性的理论：特征整合理论、引导搜索理论和决策整合假说。三种理论一致认为，无论是内源性定向还是外源性定向，视觉搜索过程中都包含了注意参与的抑制过程。但遗憾的是，上述理论并未能详细阐明在视觉搜索中如何发挥注意的抑制作用。直到返回抑制的概念提出，对于视觉搜索过程中抑制现象的实证研究才正式拉开帷幕。研究者认为，返回抑制在视觉搜索中起着重要的作用，通过阻止注意回到已经搜索过的位置来提高视知觉加工效率，可以认为返回抑制现象的存在是注意发挥作用的重要证据，体现了人类认知加工过程强大的适应性和灵活性（Posner et al，1985）。

第三节　返回抑制的研究范式

返回抑制作为视觉搜索中一个重要的注意现象，过往几十年中对这一现象进行过大量研究，采用的经典研究范式主要包括如下几种。

一、线索－靶刺激范式

Posner 和 Cohen 不仅最先发现了返回抑制现象，而且其研究范式便是线索－靶刺激范式。线索－靶刺激范式是返回抑制研究领域中最早采用、最经典的范式，后来诸多范式皆以最初的线索－靶刺激范式为基础，由此演变而生。

线索－靶刺激范式向被试展示的是一个简单的视觉判断任务场景：

一是初始屏幕正中央呈现一个注视点，注视点两侧各有一个方框。二是计算机程序自动选择对任意一个方框加亮/闪烁，这个过程称为外周线索化。三是回到初始屏幕。四是计算机自动选择在任意一个方框中呈现靶刺激/目标刺激，被试在看到目标刺激后第一时间对目标刺激作出按键反应（Posner et al，1984）。当线索呈现时间和靶刺激呈现时间间隔大于300ms时，靶刺激出现在曾经线索化的位置，被试的反应时间相比于靶刺激出现在未曾线索化的位置要更长一些。

二、多线索提示范式

线索-靶刺激范式主要用来研究返回抑制的时程，而多线索提示范式则是用来研究返回抑制的空间特征：当出现两个或更多个线索化位置时，是否在每个曾经线索化的位置都会出现返回抑制的现象。

Maylor等人（1985）最早对该问题进行了研究。研究者在屏幕中央注视点两侧各设置7个黑色圆点，7个圆点竖直排列整齐为一列。左右两列的居中圆点与中央注视点间距12°视角。7个圆点之间间距等长，从第一圆点到最后一个圆点间距为9°视角。实验开始后，要求被试注视中央注视点，随后对左侧或右侧中间圆点进行线索化，线索消失一段时间后，在所有14个圆点的位置可能随机出现目标刺激。研究结果发现，靶刺激的反应时间与目标出现的位置有关系，目标出现的位置离线索化位置越远，被试对目标刺激的反应速度就越快。这种现象可以理解为返回抑制的空间效应。

Abrams和Pratt在1996年的实验中，在注视点周围上下左右四个方位均设置了一个方框，对其中两个位置先后进行线索化，当线索化位置为对称位置时，返回抑制现象仅仅出现在后面一个线索化位置，但是如果对相邻的两个位置分别进行线索化，则两个位置均可观察到返回抑制现象。

Wright 和 Richard 在研究中同时对多个位置进行线索化，结果在每个线索化的位置上均能够观察到返回抑制现象。当线索数量为 2 ~4 个时，不同线索数量对返回抑制效应没有影响。

三、双任务范式

在探索返回抑制机制的过程中，工作记忆和返回抑制存在一定的关系（Ho et al，2004；Woodman et al，2004），双任务范式则是用来进一步研究二者之间关系的方法。

Vivas（2010）在实验中，将工作记忆任务安排在返回抑制任务前面，在完成返回抑制任务之后，对在此之前学习过的内容进行测量，以探讨工作记忆负荷对返回抑制效果的影响。结果发现，在记忆负荷条件下，被试仍然表现出返回抑制效应，甚至效应量大于没有工作记忆任务的情况。

四、隐性附随搜索范式

返回抑制作为选择性注意过程中一种重要的抑制机制，在现实生活中具有极大的适应性价值。为了提高研究的生态效度，近年来在返回抑制的实验中加入真实场景图片。Klein 采用的隐性附随指针探测范式便是将真实场景与返回抑制实验相结合的一种方法。

在一张真实的场景图片上，对其中某个位置进行标记（ON - Probe），随后出现的探测靶刺激可能在标记过的位置，也可能在未标记过的位置。Klein 和 MacInnes 研究发现，当靶刺激出现在标记位置时，反应时明显比出现在未标记位置时更长，说明真实场景中返回抑制现象的存在。且在眼动轨迹方面的证据也可以支持返回抑制的存在：相比于出现在未标记位置上的探针，对于出现在曾标记位置上的探针被试的眼跳潜伏期更长。

第四节 返回抑制的特征

作为视觉搜索过程中重要的抑制现象，返回抑制是稳定存在的吗？它受到哪些因素的影响呢？返回抑制概念提出后，一系列相关特征问题的研究深化了人们对这一现象的认识。

一、返回抑制的时程特征

Posner 和 Cohen 不仅最先发现了返回抑制现象，而且在其研究中，对于返回抑制的特征进行了有价值的探讨。他们在研究中发现，返回抑制是否出现，受线索呈现到靶刺激出现的时间间隔（SOA）影响。当 SOA 小于 300 ms 时出现提示效应：靶子出现在之前线索的位置（线索化靶刺激），被试反应速度更快，即线索加速了对于靶刺激的反应；而当 SOA 大于 300 ms 时出现返回抑制：靶子出现在非线索化位置（非线索化靶刺激）被试的反应速度更快，提示作用发生反转，线索降低了对于靶刺激的反应速度。关于 SOA 与返回抑制之间关系的研究极具代表性，可统称为“返回抑制的时程特征研究”。后来研究者或验证

Posner 等人的研究结论，或加入其他变量，如反应类型、被试类型、线索特征、认知负荷等，研究新加入变量和时程对于返回抑制的交互作用（Hartley et al, 1995; Faust et al, 1997; Danziger et al, 1998; Berlucchi et al, 2000; Langley et al, 2001; Castel et al, 2003; Bao et al, 2004; Langley et al, 2007; Langley et al, 2011）。

关于返回抑制时程问题的研究，根据实验过程中要求被试完成的反应任务的不同，可以将研究分为检测任务、辨别任务。Posner 等人进行的经典研究中，要求被试进行的反应属于检测任务，被试只需要确定在一个独立试次中，给定目标是否出现在指定区域，如果出现，被试按要求按键反应。

类似信号检测论的研究程序，被试的辨别任务又包含了两种不同的难度水平。在简单辨别任务中，被试需要区分靶刺激和干扰刺激，并对靶刺激进行反应，对干扰刺激不需要作出任何反应（Jason Ivanoff, 2003; Terry, 1994）。另外还有难度更大的联合辨别任务，靶刺激不再是一个而是多个，被试不仅要区分不同的靶刺激，并且要给出不同的反应（Pratt, 1995; Lupianez et al, 1997）。

起初研究者认为，返回抑制只存在于检测任务中，辨别任务中不存在返回抑制（Klein et al, 1994），但后续研究推翻了这一结论。目前学术界普遍承认，复杂的辨别任务中仍然存在返回抑制，只是和检测任务相比，返回抑制出现的时间较晚，表现出时程差异（Klein, 2000）。

二、返回抑制的空间特征

视觉搜索总是发生的某一时空背景下，因此对返回抑制特征的研究，除时程问题外，其空间特征也非常值得关注。关于返回抑制空间特征的研究也称为“返回抑制容量”研究，这类研究关心返回抑制现象是否可出现在多个曾经线索化的位置，被抑制位置的数量即返回抑制的容量。Posner 等在研究时程对返回抑制的影响之余，并没有忽略其容量的问题，他们通过先后线索化两个外周位置探讨是否在这两个位置都可以观察到返回抑制，结果发现，后一个线索化位置存在返回抑制，而在先前线索化位置未观察到返回抑制。但是，实际生活中视觉搜索对象较多，Posner 等人采用的刺激材料中仅包含两个外周位置，不能很好地代表生活中的视觉搜索过程，降低了研究的生态效度。因此，后来研究中对其研究程序进行了修正，采用四个以上的外周刺激，对多个外周刺激进行序列线索化或同时线索化，以此研究返回抑制的空间特征，即返回抑制的容量问题。

序列多线索指在中央注视点周围分布多个外周位置，在靶刺激出现之前，多次对外周位置进行线索化，每次随机选取其中一个位置。Pratt 和 Abrams（1995）采用了类似 Posner 研究返回抑制时使用的程序，仅设置了两个外周线索位置，对其中某个线索位置连续两次进行线索化，或依次对两个位置分别进行线索化，研究结果发现，两种不同实验条件下，被试均表现出对于最后一次线索化位置的返回抑制，而先前一次线索化的效果未能体现在被试的行为反应中。Tipper 等人

(1995) 在研究中将外周位置的数量从 2 个增加为 4 个，每个实验试次中随机选取其中 3 个依次进行线索化，结果发现了 3 个被线索化位置均表现出返回抑制效应。此后，研究者继续增加外周位置的数量至 8 个、12 个，并对其中 4 ~5 个位置进行序列线索化，结果发现多个位置均表现出返回抑制，但是最后一次线索化位置返回抑制效应量最明显，向前依次递减。

同时多线索程序中，在靶刺激出现前，同一时间对多个外周位置进行线索化。在 Wright 和 Richard (1996) 的研究中，采用同时多线索化方法考察眼动及眼动准备是否作为返回抑制的必要条件，即返回抑制是否包含眼动过程。如果眼动或眼动准备是返回抑制的必要条件，那么在同时多线索化条件下，不可能在每个位置上都观察到返回抑制。研究中设置了 8 个外周位置，当同时对其中 4 个进行线索化时，每个位置都可以观察到相似的返回抑制效应。这个结果说明，眼动不是返回抑制的必要条件。

此后，又有诸多研究者在变化 SOA 、反应类型、被试类型、线索数量、线索之间位置关系、线索之间时间关系等实验条件的情况下，讨论返回抑制的容量问题。有人认为返回抑制容量大于 1，但也有研究者指出：当且仅当多个线索相邻时，返回抑制容量才可能大于 1；而在多个线索间隔条件下，无论序列多线索还是同时多线索任务中，返回抑制的容量都只有 1。因此，关于返回抑制容量问题在研究结论方面并未形成统一认识 (Danziger et al, 1995; Pratt et al, 1995; Tipper el at, 1996; Wright et al, 1996; 周建中 等, 2001; Dodd et al, 2003)。

第五节　返回抑制机制研究：范式变革中深化认识

进入20世纪90年代后，关于返回抑制问题的研究从最初对其特征的探讨演变为对机制问题的分析：作为视觉搜索过程中非常重要的一种注意现象，对返回抑制机制的研究可以深入揭示视觉搜索过程中注意的作用原理。当然，对于机制问题的深入探索离不开研究方法的变革，研究技术的革新为拓展这一领域的认识提供了可能。总结回顾前人关于返回抑制机制问题的研究可以发现，这类研究主要探讨三个问题：返回抑制作用的参照系问题、作用过程以及和其他心理过程的交互作用。

一、返回抑制的作用参照系

在视觉搜索过程中，既然可以对某个位置产生抑制，那么对这个位置就需要进行标记，即进行抑制编码。然而，抑制编码的信息是位置本身还是在这个位置上的客体信息呢？Posner和Cohen在最初研究返回抑制时，对其作用参照系的问题给出了假设，认为这种抑制来源于对空间信息的编码，所以应注意对于每一个曾经停留过的空间位置进行编码，并且让自动抑制返回曾经编码过的位置，“返回抑制”也正是得名于此。尽管视觉搜索是在一定的空间范围内进行的，但是在这一空间中一定存在着若干客体，抑制编码真的基于空间吗？是否和空间中的客体有关系呢？源于对这个问题的思考，研究者开始探索返回抑制作用的参照系究竟是基于空间还是基于客体，并且创造出了“动态范式”（Tipper et al，1991）。

Tipper 等人早期使用的动态范式如图 1-2 所示：

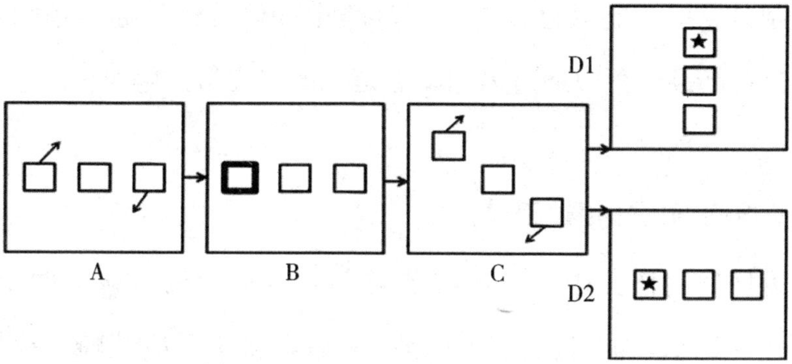

图 1-2　返回抑制研究的动态范式

对比传统静态范式，动态范式通过改变外周线索化位置，分离空间信息和客体信息，以分析返回抑制是否存在客体编码的问题。在动态范式中，若靶刺激出现位置如图 1-2 中 D1 所示，并出现返回抑制现象，则说明返回抑制基于客体；若靶刺激出现位置如 D2 所示，并观察到返回抑制，则说明返回抑制基于空间。Tipper 等人研究结果表现，线索化位置移动后，在新的位置上仍然观察到返回抑制，返回抑制的参照系是基于客体的。但也有研究者指出，由于动态范式中外周位置运动沿某一轨迹进行，移动后的新位置和先前位置之间存在明显关系，所谓“基于客体”的返回抑制，是基于空间的抑制效应的延续（Schendel，2000；Schendel et al，2001）。国内学者张明、张阳（2006）

提出，动态范式中的返回抑制是基于空间抑制的动态更新，而非基于客体的抑制过程。

综上，关于返回抑制的参照系（基于空间？基于客体?）这一问题的探讨目前并未形成一致性结论，但动态范式的提出及推广，提高了返回抑制研究的生态效度，在动态环境中如何搜索目标，是否存在抑制现象这些问题，可以通过采用动态范式的研究得到解决。

二、返回抑制作用过程

在返回抑制任务中，个体实现对靶刺激的反应包含了两个过程：觉察和运动组织。前者属于知觉范畴，后者属于反应范畴。根据返回抑制的概念可知，返回抑制指存在于视觉搜索过程中的对于返回曾经搜索过的位置的抑制效应。那么这种抑制效应究竟发生在对靶刺激的知觉过程中还是反应过程中呢？关于返回抑制作用过程这一机制问题的讨论，目前学术界主要存在两种尚未统一的观点：知觉抑制说和反应抑制说。

知觉抑制说又称为注意抑制说（inhibition attention，IA）。该理论认为，返回抑制形成的原因是由于抑制作用于靶刺激的知觉加工阶段，对先前线索的知觉加工成为抑制作用发生的关键，注意定向本身并不能引发返回抑制。

Posner（1985）等研究者通过采用内源性注意定向和外源性注意定向程序的对比研究（见图1-3）发现了返回抑制的这一重要特征。尽管在两种不同的实验任务中都存在注意定向，即由线索引导接下来的注

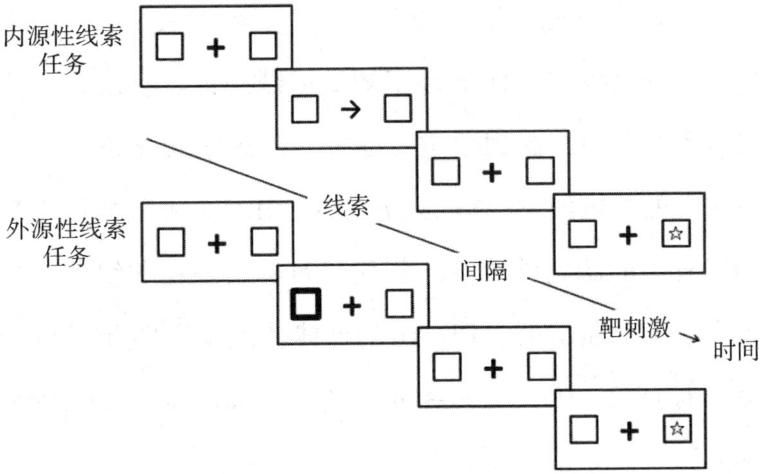

图 1-3　外源性注意任务与内源性注意任务对比

意指向，但两种任务的区别在于是否对于线索化位置（客体）进行了有效的知觉加工。对于线索的确切的知觉加工发生在外源性注意定向任务中，内源性注意定向任务中，中央箭头作为线索，只能单纯起到引导注意的作用，不能确保对外周位置的有效知觉加工。结果发现，在返回抑制发生在外源性注意定向任务中，内源性注意定向任务中并未观察到这一现象（Posner et al，1985；Rafal et al，1989）。此即返回抑制可以被看作是视觉空间注意在回到曾停留过的位置时表现出的延迟现象，这种延迟导致了对靶刺激知觉加工的延迟，因此出现了线索位置靶刺激加工速度落后于非线索化位置靶刺激加工速度的现象。此即返回抑制作用于对靶刺激的知觉加工阶段（Posner et al，1985；Taylor et al，1998，2000）。

知觉抑制说提出后获得了大部分研究者的支持，迄今为止它仍是解释返回抑制作用过程时采用最多的理论。近年来，一些认知神经科学方面的研究证据也有力地支持了知觉抑制理论。有研究者使用事件相关电位技术对返回抑制现象进行研究，发现线索化条件下比非线索化条件下诱发的脑电波 P1/N1 成分更小。P1/N1 成分被认为是和早期感知觉加工有关的脑电波成分。相比于目标出现在非线索化位置，当目标出现在线索化位置时，P1/N1 的低峰值波幅说明此时目标并未得到更加充分的加工（Hopfinger et al, 2001；McDonald et al, 1999；Prime et al, 2009a）。

对于返回抑制作用过程的另一种解释称为“反应抑制说”（inhibited response，IR）。作为与知觉抑制说相矛盾的另一种观点，尽管反应抑制说提出较晚，但一经提出便引起了学术界的普遍关注，与此相关的研究大量涌现。

Tassinari 等人于 1987 年率先提出了反应抑制假说，他们认为返回抑制是由于自动阻止朝向线索化位置的眼球运动而引起的（Tassinari et al, 1987；Rafal et al, 1989）。但是，即便眼动朝向线索化位置，仍可观察到返回抑制，因此，用眼动朝向解释返回抑制似乎并不准确（Taylor et al, 2000）。然而，这并没有完全否定反应抑制假说。Klein 和 Taylor（1998）指出，IOR 被表征于空间运动地图中，起着提高反应判断标准的作用，当随后的反应需要涉及存储在该地图中的同一表征时，激活该表征就需要更多的信息和更高的强度。因而，该理论认为 IOR（inhibition of return，返回抑制）并不影响信息累积，而是影响对反应执行的判断标准。应该说，该理论较好地解释了为何 IOR 未能出现在非空间信息的辨别任务中（Pratt et al，1995）。

反应抑制说的支持者认为，根据实验设置要求，被试必须有意识地抑制对于线索的行为反应，相当于对线索化位置或客体打上了“抑制标签”（Fuentes，2004）。抑制标签会导致对接下来出现在线索位置的靶刺激反应迟缓，类似于物理学中力的惯性作用。这种抑制作用发生在行为运动层面，而不是在眼动过程中。为证实抑制标签的存在和反应抑制理论，靶子 - 靶子范式应运而生。

根据反应抑制理论，如果可以解除对于线索的反应抑制，那么对接下来靶刺激的反应应该不再出现返回抑制效应。Maylor 和 Hockey（1985）以这一假设为线索，设计了靶子 - 靶子实验任务：第 N 次反应的靶刺激同时成为第 N + 1 次反应的线索，以解除对第 N + 1 次反应的抑制效应。当第 N + 1 个靶刺激出现在第 N 个靶刺激曾出现的位置时，如果其反应时间小于等于靶刺激出现在对侧位置时的反应时间，说明反应抑制的惯性停留被清除，返回抑制作用应该消失。但是，数据结果并不支持这个推断，当第 N + 1 个刺激出现在第 N 个刺激出现的位置时，其反应时大于出现在第 N 个位置对侧的反应时，即返回抑制仍然存在。至此，对于反应抑制说的证明似乎陷入僵局。但是，相关研究并没有停止，而是另辟蹊径，从其他角度论证反应抑制的存在。

Ivanoff 等人采用辨别任务研究返回抑制的过程中发现，返回抑制和 SIMON 效应（左手对出现在左侧的刺激反应更快，右手对出现在右侧的刺激反应更快的一种现象）存在明显的交互作用，这一结果暗示返回抑制过程和行为反应存在密切关系（Ivanoff et al，2001）。此外，

Schmidt 等人通过时序迫选任务和线段错觉任务研究证明，对线索位置靶刺激的知觉加工不仅不存在所谓的抑制现象，反而存在知觉优先效应（Klein et al，1998）；Handy 等人在类似的研究中发现，对线索化位置靶刺激的辨别力指标（d′）下降，同样说明了知觉优先效应的存在（Handy et al，1999）。以上研究结果均可间接说明，抑制发生在反应阶段。

此外，也有事件相关电位（event-related potential，ERP）的研究结果发现，一些代表抑制反应决策的 ERP 成分，如 Go/Nogo 作业中的 N2 成分、与抑制反应关联紧密的定位于初级运动皮层区域的 Beta 频段同步谐振，也在线索化条件下观察到更低的幅值。由此可以推测，返回抑制现象的出现是返回抑制的结果（Kiss et al，2008；Pasttter et al，2008；Prime et al，2009b；Tian et al，2008）。

当前，关于返回抑制作用过程这一机制问题的探索尚未形成明确结论，知觉抑制说和反应抑制说也仅是其中最具影响力的两种假说，关于作用过程问题，还存在其他解释，如“标准变化假说”（criterion shift，CS）“刺激反应分离假说”（stimulus - response disconnection，DIS）等。

其中标准变化假说认为，个体在对于曾经搜索过的位置进行重复搜索时，会采用更高的检测标准，这种检测标准的提高导致了搜索速度的降低，因而表现出返回抑制现象。而刺激反应分离假说则认为，抑制发生在感知觉信息转化为行为的过程中，当线索 - 靶子时间间隔较长时，感知加工内容出现了自动化的衰减，刺激与相应的行为之间出现了分离，导致返回抑制现象的发生（Fuentes et al，1999）。

图 1-4 中对比了关于返回抑制作用过程的几种假说，通过图中各种理论关于知觉过程和反应过程时间关系的比较，可以较为直观地比较出几种理论的差别。

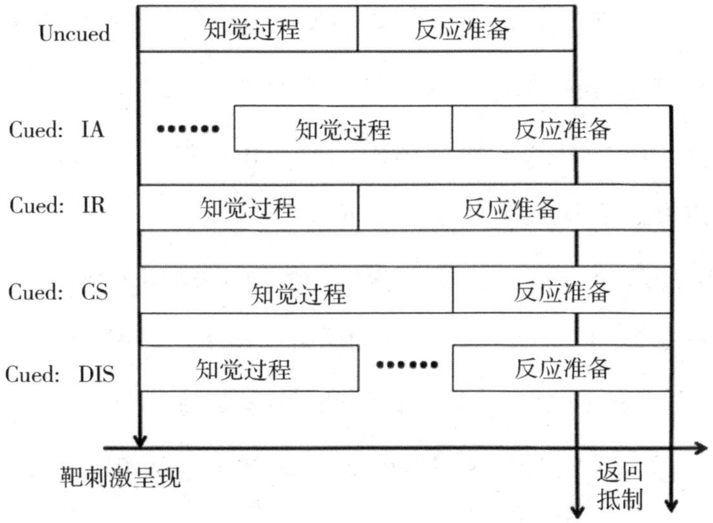

图 1-4 返回抑制作用过程的四种理论（来自 Ivannoff，2003）

鉴于“知觉抑制说”和“反应抑制说”长期并存且争论不休的状态，学术界渐渐形成一种中立的观点：“双重机制说”。这种观点同时包含了知觉抑制说和反应抑制说的理论内容，即返回抑制中既包含知觉抑制，又包含反应抑制。随着实验方法和技术的进步，近年来返回抑制的研究中可以同时搭载眼动测试，不仅可以在行为层面对返回抑制现象进行分析，而且可以通过眼动测量数据从更加直观的角度了解被试的视觉搜索过程。Pratt 等研究者认为，在眼动追随目标的过程中出现的抑制现象属于知觉抑制，而在行为实验中，要求手动操作对目标刺激作出按键反应，这个过程中出现的抑制属于反应抑制（Hunt et al, 2003)。如果知觉抑制和反应抑制同时存在于返回抑制发生的过程中，那么是否知觉抑制和反应抑制是两个相对独立的加工阶段呢?Hunt 和 Kingstone（2003）发现了返回抑制效应在眼动作业和手动作业中任务分离：靶刺激的亮度变化仅影响手动反应作业中的 IOR，而中央注视点消失（fixationoffset effect，FOE）仅对眼动作业中的 IOR 有影响(Hunt et al, 2003)。此前研究结果已有定论：FOE 由上丘眼动系统负责，而亮度变化效应则由注意系统负责。Hunt 和 Kingstone（2003）指出，IOR 由知觉相关的注意成分和运动相关的眼动成分构成。尽管这一发现受到随后 Souto 等人（2009）的质疑，但 IOR 在眼动和手动反应作业的分离效应却得到了越来越多研究的支持。例如，Y. Zhang 和 M. Zhang（2011）发现，空间工作记忆负载只能影响按键反应，而不能影响眼动反应作业中的 IOR。

为更好地解释返回抑制现象与其他一些复杂心理现象的交互作用，如语义启动、Stroop 效应，研究者提出了“抑制标签理论”（inhibitory tagging，IT)。Vivas 和 Fuentes（2001）研究发现，在将 IOR 和 Stroop 相结合的任务中，当色词出现在线索化位置时，对于后来词汇的辨别干扰比其出现在非线索化位置造成的干扰更小。在另一项关于语义启动的研究中发现，当语义启动信息作为线索出现时，后来的目标信息出现在非线索位置时获得了启动效应，但是当目标信息出现在线索位置时，语义启动效应翻转。以上这些现象均无法用“知觉抑制”或“反应抑制”理论加以解释。因此，Fuentes 和其他一起工作的研究者提出了“抑制标签理论”(Fuentes et al, 1999；Vivas et al, 2001；Vivas et al, 2008)。该理论认为，外周线索的出现会激活两个不同的注意系统：一个是由注意定向网络负责的定向系统；另一个则是由前额叶的注意执行网络负责的抑制标签（inhibitory tagging，IT）系统。抑制标签作用于先前线索化位置，其功能是在刺激表征到达反应表征的通路上，暂时地阻断“刺激－反应”连接（Fuentes et al，1999；Vivas et al，2001；Vivas et al，2007）。

转换抑制假说是另一个将知觉和反应过程联系起来，共同解释返回抑制现象的假说。转换抑制假说认为，前期线索的出现，占据了视觉工作记忆的资源，根据工作记忆资源有限性理论推测，当工作记忆资源部分被占用之后，后续的工作记忆加工就会受到一定程度的影响。如果线索刺激和靶刺激需要的视觉工作记忆资源类型一致，二者就存在竞争关系，会造成先呈现的线索对后出现的靶刺激反应不敏感。当线索类型和靶刺激类型不一致时，激活的工作记忆资源不尽相同，二者竞争关系不明显，这时对靶刺激的信息处理可以进行得更加及时。安哲锋（2002）在研究中改变了线索和靶刺激形状的一致性，结果发现在线索和靶刺激形状一致的情况下，可以观察到更加显著的返回抑制现象；线索和靶刺激形状不一致时，返回抑制解除。

三、返回抑制的成分：抑制与易化

在最初关于返回抑制现象的研究中有观点认为，返回抑制是由外源性线索引导的一种自动化的现象，对于线索化位置靶刺激的反应速度慢，发生抑制现象，而对于非线索化位置靶刺激的反应速度则作为检验抑制效应出现的基线值。然而后来的研究对此观点提出了挑战，多位研究者发现不仅存在对于线索化位置的抑制，同时也存在非线索化位置的易化效应，即对于出现在非线索化位置的靶刺激反应时间小于基线值（Tassinari et al，1989；Rafal et al，1989）。

Maylor 和 Hockey（1985）在对比中央线索和外周线索对于返回抑制效应影响的研究中率先观察到非线索位置的易化现象：在仅对中央位置进行线索化的条件下，靶刺激出现在任意一个外周位置，此时的反应时间小于靶刺激出现在外周线索化位置，且大于靶刺激出现在外周非线索化位置。但遗憾的是，这一结果并没有引起当时研究者的重视。Tassinari 等人在 1989 年采用类似的研究程序，同样检测到中央线索条件下靶刺激的反应时大于外周非线索位置靶刺激的反应时。此时研究者对这一现象进行了分析，认为可以将中央线索化条件下对于靶刺激的反应时间视为基线标准，而在外周非线索位置测量到的靶刺激反应时间小于这一标准，说明在该位置存在易化效应，返回抑制不仅是线索化位置靶刺激反应的抑制现象，而且非线索化位置易化效应的存在说明个体对于该位置存在积极反应偏向（Tassinari et al，1989）。同年，Rafal 等人在增加中性线索的条件下，也得到了类似的研究结果：线索化位置的抑制和非线索化位置的易化是同时存在的，并将这种现象解释为主观偏向影响的结果（Rafal et al，1989）。

非线索化位置抑制效应观点的提出，对最初关于返回抑制机制的假设提出了挑战：返回抑制效应产生的原因是因为线索化位置的抑制、非线索化位置的易化还是两者共同作用的结果？在后续的研究中，线索化位置的抑制效应被证明是一种独立的存在，在改变线索呈现条件的情况下，抑制效应会受到影响。例如，Lupianez 等人（2007）研究发现，在告知被试靶刺激有效概论的条件，在线索预测效度高的实验条件下，被试对线索化靶刺激的反应时间小于非线索化靶刺激的反应时间，返回抑制效应初显反转；反之，在线索预测效度低的条件下，被试对线索化靶刺激的反应时间大于非线索化靶刺激的反应时间，表现出明显的返回抑制效应。这一结果说明，线索化位置的抑制效应相对独立。其他研究者采用类似的方法也得到了一致的结论（Lambert et al，1991；Berlucchi et al，2000；Lupianez et al，2004；Mele et al，2005；Chica et al，2006）。由此，返回抑制被认为是线索化位置抑制和非线索化位置易化共同作用的结果。

第六节　以特定人群为被试的返回抑制研究

在认知心理学中，使用返回抑制方法研究空间认知和注意的问题，以了解内在的加工机制和神经结构。返回抑制可以用来研究注意定向机制，了解与注意相关的大脑皮层活动情况，被试范围从新生儿到老年人，从正常人到心理疾病、精神疾病患者。正如此前讨论中提到的，返回抑制作为一种方法，研究注意相关的认知活动，了解注意作为一种调节机制，是如何与其他认知活动，如知觉、记忆发生相互作用的。

以新生儿为被试的返回抑制研究中发现，刚出生的婴儿身上可以观察到返回抑制（Valenza et al，1994）。进一步的研究结果表明，新生儿返回抑制能力随年龄增长的变化与精确控制眼跳能力的发展有关（Harman et al，1994），这说明，返回抑制能力会伴随眼动系统成熟而逐步发展。采用线索－靶子范式对1～17岁被试的研究中发现，实验中能否观察到返回抑制现象，取决于中央线索是否进行重新定向（MacPherson et al，2000）。

近年来，返回抑制也用来研究老年人和病人（如阿尔茨海默综合征）的注意状况。尽管已有研究结果表明，老年人与青年人在返回抑制方面不存在显著差异（Hartley et al，1995），但当考虑时程因素时，研究结果表明，老年人的返回抑制出现得更晚（Castel et al，2003）。McCrae和Abrams（2001）研究发现，老年人基于客体的返回抑制存在缺陷，但基于空间的返回抑制不存在缺陷。另外，一些研究表明阿尔茨海默综合征患者的返回抑制正常（Danckert et al，1998；Faust et al，1997；Langley et al，2001；Phillips et al，2004）。但是，当改变研究程序的某些参数时，如时程、任务或中央线索时，阿尔茨海默综合征患者与普通被试相比，返回抑制出现了差异。同样，帕金森症患者也表现出返回抑制的异常（Poliakoff et al，2003）。焦江丽等人（2016）研究发现，焦虑情绪对于老年人基于颜色的返回抑制产生了影响，但是不影响其基于位置的返回抑制。掌握第二语言在一定程度上可以缓解返回抑制的老化现象。陈宇等（2019）研究发现，和大学生相比，老年人的返回抑制容量并没有表现出显著退化。

一些精神疾病、心理疾病患者在返回抑制方面的异常揭示了他们注意的缺陷。例如，强迫症患者表现出返回抑制量的下降（Nelson et al, 1993；Rankins et al, 2004），也许是因为他们要将注意从一种活动中转移出来存在一定困难。另外，聋人被试和普通人相比，能尽快将注意从某一活动中转移出来，返回抑制更早出现（Colmenero et al, 2004）。对于注意缺陷多动障碍被试研究发现，对比普通被试，他们表现出返回抑制效应量偏小，但这种现象并不足以说明被试在于返回抑制相关的注意机制方面存在缺损（Li et al, 2003）。以脊柱裂儿童为被试研究结果显示，返回抑制效应量不明显，这可以作为其空间定位障碍的依据（Dennis et al, 2005）。

以精神分裂症患者为被试的研究结果发现，不同类型的被试、不同的研究程序，被试会表现出各种不同的返回抑制异常。Huey 和 Wexler（1994）研究发现，对比控制组，正在进行精神分裂症治疗的被试返回抑制延迟出现且效应量更小。同样，在其他研究中，也观察到了返回抑制的延迟（Larrison – Faucher et al, 2002；Gouzoulis – Mayfrank et al, 2004）。但在 Fuentes 等人研究报告中提出，接受治疗中的精神分裂症患者表现出的返回抑制效应与普通人无异（Fuentes et al, 1999；Fuentes et al, 1999）。Sapir、Henik、Dobrusin 和 Hochman（2001）研究发现，治疗期间精神分裂症患者的返回抑制是否出现，与研究程序中是否进行二次中央线索化有关。在研究返回抑制的过程中，一些重要的程序参数，如线索呈现时间、线索消失到目标出现的时间间隔以及是否进行中央线索化，可以用来解释为什么各种研究中得出的结论不统一。不健全人格亦会对选择性注意驱动的返回抑制加工产生一定程度的影响。李娜（2019）研究发现，对比人格健全者，脆弱型高自尊大学生对于攻击性信息的返回抑制效应比较低，说明该群体对于攻击信息表现出过高的持续关注。

中枢神经系统损伤可能影响返回抑制。Danziger 等人在研究报告中指出，对比控制组，丘脑后结节损伤病人返回抑制正常（Danziger et al, 2001；Sapir et al, 2002）。同样，研究者发现，尽管线索出现在盲视区域，偏盲患者仍然表现出正常的返回抑制（Danziger et al, 1997）。然而，在偏瘫患者身上，没有表现出返回抑制，或返回抑制出现明显延迟（Roelofs et al, 2003）。

Sapir、Soroker、Berger 与 Henik（1999）研究报告中提到上丘脑损伤患者返回抑制缺失。此外，Tipper 等人（1997）研究发现，当线索与目标出现在相同的半侧视野中时，裂脑人表现出正常的返回抑制，而当线索与目标出现在不同的半侧视野中时，出现了提示现象。综上，尽管上丘可能是与返回抑制密切相关的脑结构，但大脑皮层仍然参与作用，不同类型的神经皮质及皮质下结构与返回抑制的产生密切相关。

Chica 等人（2006）证明，在检测任务和辨别任务中，返回抑制均可以发生在由内源性线索引导的空间方位。这一研究结果对传统的返回抑制研究结论提出了挑战。以往研究结果认为，返回抑制是由于注意返回曾经搜索过的位置受到限制而引起的。

Petroc Sumner 的研究关注返回抑制的神经基础。Summer 采用了一种新的范式，有效地分离了丘脑在视觉定向中的作用。采用标准化的加亮提示线索，无法确认其直接进入丘脑通路，结果显示至少存在两种不同的返回抑制：一种是依赖上丘的机体行为和眼动反应的抑制，另一种是仅依靠皮层进行的机体行为反应的抑制。

如果返回抑制部分地依赖大脑皮层，那么脑损伤病人的返回抑制会表现出一定程度的异常。Fuentes 等人（2006）发现，事实的确如此，顶叶损伤的病人返回抑制减弱。Giovanni Berlucchi（2006）的研究报告中也提到了类似的现象。所以，沿用传统的方式解释返回抑制显然已经不够确切，甚至“返回抑制”的命名也需要作出修正。Berlucchi 提出，返回抑制作为线索后效应至少包括两个过程：首先感觉探测引发一个定向作用，接下来感觉敏感度下降，先前出现的外周刺激引起的外源性注意定向再回到从前位置时很困难。

总之，以特殊人群为被试的返回抑制研究不仅拓展了对于返回抑制本身这种视觉搜索现象的认识，更重要的通过对比的视角，分离了内部加工过程，成为研究返回抑制加工机制的重要途径。

第二章

学习障碍者视觉搜索过程研究

第一节 学习障碍者的认知特点

1963年，美国心理学家Samual Kirk首次正式提出了“学习障碍”概念并对其内容进行了界定：学习障碍（learning disability，LD）儿童是指那些语言、言语、阅读、计算及相关交往技能发展异常的儿童，但不包括盲、聋等感官缺陷或智力落后的儿童在内。由于学习障碍问题不仅影响个体的学业成就，同时影响情绪、社会性发展，若不能得到及时的帮助，学习障碍问题可能会扩大化成为个体的心理健康问题、人格问题。因此，长期以来心理学、教育学界对学习障碍问题一直高度关注。在理论研究层面，关心学习障碍问题的界定、亚型的分类、问题的成因；在联系实践领域，更为关注学习障碍的评估诊断、教育训练等问题。

我国对于学习障碍问题的研究始于20世纪80年代，进入21世纪后，该领域的研究大量出现。从研究内容来看，更多关心学习障碍成因及影响因素等宏观问题（杜晓新，2005），而对于学习障碍儿童认知过程的实证性研究相对而言数量较少。近20年来，国内共有200多篇针对学习障碍问题的研究性报告，其中大部分采用问卷、测量方法（140篇），采用实验法对该问题进行研究的文章仅有44篇（赵微 等，2006）。

目前，关于学习障碍者认知过程的研究包括感知能力、注意力、记忆力、推理及问题解决能力、智力等方面的内容。隋雪（2004）在关于学习障碍者认知发展特点的综述中曾提出："总结前人研究结果可以发现，学习障碍者在诸多认知能力方面都存在缺陷。"例如，李春跃等人（1998）在一项关于学习障碍者智力发育的调查中发现：学习障碍组与普通组相比，在韦氏智力测验的总体分数上没有差异，但是操作分量表分数显著低于普通儿童；同时，在脑电波监测过程中发现，学困阻儿童的右脑脑电波异常。由此研究者提出，加强对学习障碍者动手能力的训练可能是解决其困境的有效办法。金志成（1999）研究发现，学习障碍者和优秀者相比，其工作记忆容量不足，并由此推论，储存能力的缺陷可能是引起学习障碍的原因之一。杜晓新（2005）研究发现，学习障碍者在元认知监控能力方面存在明显不足，并提出了"认知与监控学习策略训练模式"。目前，该训练已经在实践推广中取得良好成效。

从目前学习障碍研究的发展趋势来看，采用计算机模拟法及其他多种方法结合，研究学习障碍者的认知过程、机制问题，从而给出针对性的解决方案，成为该领域未来研究发展的主要方向，这也是为学习障碍群体提供有效帮助的最终解决方案。

第二节 学习障碍者存在注意困难

注意，作为参与整个认知过程的重要心理活动，一直以来都是认知心理学研究中关注的热点问题。在心理学家 Das 的认知模型（PASS 模型）中，曾把“注意”作为一切认知活动的基础置于不可撼动的地位。因此对于学习障碍者认知过程的研究，注意问题是一个非常值得探索的切入点。注意缺陷除造成学业不良外，还可能与好动、情绪不稳定、自尊水平低、自我概念消极、社会调节能力差等有关（Ievine et al，1982）。

关于学习障碍者注意问题的研究，始于 20 世纪 70 年代。当时研究者发现，学习障碍者的注意困难影响了个体的整体认知加工过程，特别是感知觉加工（Ross，1976；Tarver et al，1974；Shiffrin，1976；Gibson et al，1975）。Keogh 和 Margolis（1976）把学习障碍儿童的注意问题分成以下三类：引起注意，即注意选择上的障碍，指学习障碍儿童在挑选本应引起他们注意的重要信息方面存在困难和障碍；作决定，指学习障碍儿童凭一时的冲动作出决定，想到什么就做什么，注意力难以集中；保持注意力，指学习障碍儿童很少能坚持把一件事做得有始有终。关于学习障碍者注意选择性特征的研究发现：学习障碍儿童注意保持时间较短（Pihl et al，1982）；注意选择存在障碍，无法利用有效的空间线索和感知觉信息进行注意定向，导致他们在课堂中难以有效地接收知识（Myklebust，1989；Richards et al，1990；Bernice Wong，1991）。Sterr（2004）研究发现，学习障碍组学生更容易受到无关刺激干扰。Shalve（2003）研究发现，学习障碍被试在高密度刺激中寻找联合目标时遇到了较大困难，说明其难以将视觉注意控制在一定范围内，不能忽略无关信息同时选择有效信息加以注意。Margaret 等人（2010）在对比学习障碍儿童和 ADHD（Attention Deficit Hyperactivity Disorder，注意缺陷多动障碍）儿童视觉空间任务完成情况的研究中发现，学习障碍儿童的视觉空间注意能力受损程度比 ADHD 组更加严重。

我国学者对于学习障碍者注意问题也进行了一些探索。早期的注意研究主要采用注意测量量表及其他传统的注意力测验方法，研究结果认为，学习障碍者在注意的多个方面存在缺陷。杨锦平、金惠国、黄财兴（1995）研究发现，学习障碍学生注意的各项指标显著低于优等生，但无意注意和注意搜索的稳定水平与中等组学生的差异不显著，因此注意转移、注意集中等指标更能有效地鉴别学习障碍学生：学习障碍学生年龄越小，注意力的可塑性越大；注意水平受学习能力制约极显著，受年龄制约不明显；影响学习障碍学生注意的因素按作用的大小，依次为神经心理、抑郁状态、认知冲突、学习行为、教养方式；学习障碍学生注意发展迟缓，与其高级心理活动的脑部神经基础薄弱有密切关系。李春跃、贺立新、周智霞、苏巧玲（1998）研究发现，与对照组相比，学习障碍被试在注意分配任务中表现显著落后，动手能力较差。刘卿、杨凤池、张曼华等人（1999）的研究显示：学习障碍儿童在注意分配能力上有明显缺陷；学习障碍儿童的注意广度与正常儿童比较，有偏低的倾向；学习障碍儿童在注意稳定性、注意转移能力上与正常儿童相比无显著缺陷。朱冽列等人（2000）的研究也发现：学习困难儿童与学习优秀儿童及学习一般儿童相比，存在着更多的注意问题，注意力更不集中，更容易分心，他们更多动，冲动性更强，行为问题更多。刘芳梅（2003）研究发现，学困儿童存在注意力集中困难。郭亚恒（2012）研究发现，学习障碍儿童与对照组相比，视觉注意、听觉注意的保持能力均存在明显缺陷。

第三节　学习障碍者的视觉搜索研究

细数过往研究，专门针对学习障碍者视觉搜索这一主题发表的研究文献数量并不多。从研究结论来看，学习障碍者存在视觉搜索方面的困难，如搜索效率低、回看次数多。

隋雪（2006）利用眼动记录技术，以“划消测试”为实验材料，对学习障碍儿童的视觉搜索情况进行考察，结果发现，在任务完成准确度和完成时间方面，学习障碍组和学优组存在显著差异，眼动数据结果显示，对于同一材料，学习困难组的注视次数明显低于学优组。这说明，学习困难儿童在视觉加工效率方面存在劣势。

张凯锋等人于2013年对学习障碍儿童视觉加工特征进行研究。该研究主要采用“视觉 - 运动整合评估工具”“视觉分辨力测试”和“视觉诱发电位”三种方法考察比较学习障碍儿童和普通儿童视觉加工特点差异，结果发现：和普通儿童相比，学习障碍儿童的视觉 - 运动整合能力测试，视觉分辨能力测试结果显著偏低；视觉诱发电位记录结果发现，学习障碍儿童 P100 波潜伏期显著长于普通儿童，说明学习障碍儿童的视觉信息在神经加工和传导过程中速度比普通儿童慢。值得一提的是，当信息复杂程度增加时，学习障碍儿童的 P100 潜伏期延长更加严重，说明学习障碍儿童对于复杂信息的加工处理和传导速度比普通儿童落后更多。

非语言型学习障碍（nonverbal learning disabilities，NLD）是 Myklebust（1975）发现并提出诊断标准的一种学习障碍分型。其诊断依据是在韦氏智力测查中，言语智商分数显著高于操作智商分数。有研究者对非语言型学习障碍儿童的视觉加工特点进行了研究，结果发现这类儿童在本顿视觉保持测验、画人测试中，表现出视觉空间认知方面明显缺陷。具体来说，NLD 儿童表象存储能力较差，难以把握事物的整体特征和局部特征，控制能力差，存在精细运动协调能力的缺陷；画人测验结果说明，和普通儿童相比，NLD 儿童存在视觉表征能力不足，重建视觉经验困难，既不能把握表象的整体特征，也不能清晰呈现局部特征。

第四节 注意在学习障碍者视觉搜索过程中的作用

注意作为一种重要的心理活动，参与整个认知过程，因此，对注意问题的研究也需要以考察某一个认知过程中个体的行为表现为载体。从注意问题的研究传统来看，多是通过对知觉或短时记忆过程的研究，探讨关于注意的问题。其中，对视知觉过程中注意作用的研究成果颇为丰富，在被试选择方面，曾有研究涉及学习障碍者。

McGrady 和 Olson（1970）利用数字划消任务和听觉分心刺激检验了学习障碍者的视觉搜索特征，结果发现学习障碍组被试完成任务的错误率和时间都显著高于控制组。McIntyre（1981）采用信号检测任务和数字划消任务对学习障碍者视觉搜索特征的研究中发现，对比控制组，实验组在注意启动时间上明显延迟。近年来，大量研究中采用了反应时的方法，通过对比学习障碍组和控制组被试在同样实验任务中反应时间和正确率的差异，发现学习障碍者视觉搜索过程中的特征以及认知加工机制。例如，Brannan 和 William（1987）采用线索-靶刺激范式，发现学习障碍组在靶刺激监测的准确率方面显著低于控制组，特别是在线索和靶刺激时间间隔很短的情况下。后来研究者认为，这种困难并非视觉系统本身的问题，而是负责对于视觉信息进行加工的脑神经系统功能损伤的结果（Anderson et al，1993；Stein et al，1997）。Mammarella（2010）研究发现，对比控制组儿童，学习障碍组在视觉注意和视觉空间记忆方面存在一定程度的缺陷。

目前，国内针对性地关于学习障碍者视觉搜索过程中注意问题的研究虽然数量并不多，但总结现有研究结果显示，学习障碍儿童在视觉注意方面存在不同类型的缺陷。吴燕、隋光远（2004）对于学习障碍者视觉搜索过程的眼动研究发现，无论内源线索还是外源线索，学习障碍组被试都表现出较低的提示效度，眼跳距离低于正常被试，注视点数目多于正常被试，并进一步分析认为学习障碍者视觉搜索过程的注意缺陷表现为不能有效控制注意指向，转移速度较慢。隋雪等人（2006）利用眼动技术研究了学习障碍儿童视觉搜索过程，结果发现学习困难组被试视觉搜索效率低下，和对照组被试相比表现出眼动模式的差异。程大志、陈春萍、隋光远（2010）以数学学习障碍学生为研究对象，采用事件相关电位的方法研究其注意功能，结果发现和对照组相比，学习障碍组执行功能不足，抑制无关信息能力较差。张惠民（2012）关于学习障碍儿童选择性注意特点的研究结论显示，学习障碍儿童选择性注意任务处理能力较低，干扰任务对其产生的影响明显大于对照组。付佳（2011）采用 Stroop 范式研究了学习障碍学生在听觉干扰情况下的视觉搜索加工状况，结果发现和对照组相比，学习障碍组对于冲突性任务解决的速度明显较慢，受干扰严重。田媛（2012）采用 ERP 技术研究了学习障碍学生的抑制特征，结果发现在抑制能力方面学习障碍学生显著落后于普通学生，和注意相关的 P300 波出现延迟现象。

综上，虽然通过诸多研究结论可充分说明学习障碍者存在视觉注意缺陷，但是由于缺乏可靠有效的工具及统一的检测标准，对于学习障碍者注意缺陷问题的研究并不系统，现有研究报告中往往只关注了视觉搜索中注意作用的某一方面。因此，关于学习障碍者注意问题的实证性研究亟待进一步深入。在对于视觉搜索过程中注意问题的研究中，除关注注意选择目标过程之外，研究注意的抑制作用也具有重要意义。

第三章

学习障碍返回抑制的问题提出与研究设计

第一节　学习障碍返回抑制的前人研究总结

一、研究结论概述

1980 年，Posner 和 Cohen 在研究视觉注意的过程中发现了一种有趣的现象：当靶刺激出现在线索位置时，被试对靶刺激的反应时间大于其出现在非线索位置的反应时间。此后，二人通过更多的实验研究证明这种现象的稳定存在，将其命名为“返回抑制”，并在 1984 年发表了关于“返回抑制”问题研究的研究报告。此后，关于该问题的研究引起了心理学界的广泛重视。以“返回抑制”“抑制标签”作为关键词，在互联网学术文献电子数据库中搜索可以发现，在过去近 30 年中关于返回抑制问题的研究报告共有 634 篇，其中英文文献 483 篇、中文文献 151 篇。通过对前人研究报告的阅读与分析可知，关于返回抑制问题的研究经历了从研究变量逐渐丰富到研究范式逐渐成熟，再到研究结果逐渐系统化的过程。

Posner 等人最初研究返回抑制问题仅包含一个变量：靶刺激和线索位置关系。后来为了更加深入地了解返回抑制现象，逐渐引入多种自变量对返回抑制现象进行研究，主要包括：线索 - 靶刺激时间间隔（SOA）、线索数量及多个线索出现的时间间隔、线索和靶刺激之间是否插入中央线索化程序、线索是否移动位置、线索内容、靶刺激内容、线索 - 靶刺激是否一致、反应类型等。

在研究自变量逐渐丰富的过程中，关于返回抑制研究的实验范式也从最初的一种逐步展现出多样化的特征。目前，应用较多的实验范式除最初 Posner 等人采用的线索 - 靶刺激单一线索范式之外，还包括序列多线索范式、同时多线索范式、中央线索化范式、动态任务范式、靶子 - 靶子范式（张明 等，2007）。研究范式的选取和研究材料的设计主要服从、服务于研究目的，范式的丰富为拓展返回抑制领域的研究成果起到极大的推动作用。

通过大量关于“返回抑制”现象的研究，目前形成的成果较为丰富，但许多研究得到的结论并不统一甚至相互矛盾，在关于“返回抑制”问题研究的最初 10 年中这种现象尤为突出，这主要是由于影响返回抑制的变量很多，如果单就某一变量进行研究而其他变量不进行统一，那么即使类似的实验设计也可能得出完全不相关的结论。经过后来更多研究者的努力，关于“返回抑制”问题目前形成的较为统一的认识包括三个方面：

一是返回抑制的时程问题：当靶刺激与线索时间间隔大于等于300 ms时，可以观察到返回抑制现象。

二是返回抑制的容量问题：可以在多个线索化位置观察到返回抑制现象，说明返回抑制的容量大于1。

三是返回抑制的稳定性问题：在视觉搜索过程中，返回抑制现象稳定存在，和注意现象关系密切。

值得一提的是，关于“返回抑制”问题的研究尽管数量庞大，但到目前为止，形成系统化的研究结论尚且不多，对该问题的研究仍存在较大探索空间。

二、“返回抑制”研究的发展趋势

时至今日，“返回抑制”作为一种注意现象仍然吸引着许多研究者的目光，其相对成熟的研究范式成为后者继续探索该领域问题的攀登阶梯。和早期研究对比，当前“返回抑制”领域的研究表现出五大主要的发展趋势：

第一，继续探讨返回抑制特征问题，对于前人存在争议的研究结果进行解释，不断深化、系统化对“返回抑制”现象的认识。在这类研究中，后续研究者采用前人的研究程序、材料，在匹配各个无关变量的条件下，得出关于返回抑制现象的新认识，并对前人的研究中相矛盾的结果进行统一，或作出解释。

第二，探讨返回抑制的作用机制。在最初的研究中，研究者仅模糊地提出了返回抑制是表现在视觉搜索过程中的与注意密切联系的现象，但究竟在此过程中注意如何发挥作用、在哪一个认知加工阶段发挥作用尚未形成定论，有待进一步深入研究。

第三，以特殊人群为被试，研究其返回抑制现象。在当前研究中，以飞行员、运动员、幼儿、老年人、脑损伤患者等特殊人群为被试的返回抑制现象研究越来越多。尽管学术界对于“注意”在认知过程中的重要性给予高度认可，但是对注意进行研究的实证性方法并不多。“返回抑制”被认为是研究视觉注意特征的一种可靠方法，当需要了解某一人群的注意特征时，采用这种方法无疑是恰当而有效的。

第四，返回抑制与其他认知过程的相互作用关系的探讨。研究者在关心返回抑制现象之余，不禁好奇：返回抑制这一注意现象和其他认知过程之间是否存在联系呢？其他认知过程对返回抑制会产生怎样的影响？关于这一问题的研究近年来日渐增多，其中比较有代表性的是返回抑制与短时记忆关系的研究，但返回抑制与其他认知过程，包括高级的元认知过程之间存在怎样的关系还有待今后进行更多的相关研究。此外，返回抑制和情绪之间关系、人格之间关系的研究也在近年中呈现出来，假设某种情绪状态或人格状态者，对于特定的刺激会出现注意捕获，即返回抑制效应降低甚至反转，这一类研究在临床心理学领域具有一定的价值。

第五，返回抑制现象的认知神经科学研究。认知神经科学方法用于心理学、教育学理论问题的研究已成为当前学术研究的前沿热点，同样事件相关电位、脑成像技术亦开始见于返回抑制问题研究，通过现代科学技术和传统行为研究方法相结合，深化了对于返回抑制现象的认识，为从前诸多未能解释的问题找到了答案。但是两者的结合目前仍处于“磨合期”，研究设备和程序之间的不兼容仍然是目前结合使用两种方法时面临的巨大困难，且从事认知神经科学研究对于实验的硬件条件和研究人员的业务素质都提出了更高的要求，因此将认知神经科学方法用于返回抑制问题的研究仍处于起步阶段，但在技术不断进步的大背景下，这一方法必将能够成为返回抑制问题研究的有力推动。

第二节 学习障碍返回抑制的问题提出及研究目标

基于前人已有的研究成果及今后该领域研究的发展趋势，本研究将采用经典的行为学实验方法，通过对比的视角（比较学习障碍儿童与普通儿童在同一实验任务中行为差异）对学习困难儿童视觉搜索过程中返回抑制特征及机制问题进行探索，在了解普适性特征、规律的同时，总结学习障碍儿童这一特殊群体其注意发展的一些独特规律，为后续的训练、矫治提供基础数据和理论支持。具体来说，包括以下两个主要目标。

一、学习障碍初中生返回抑制特征对比研究

学习障碍儿童作为一类特殊的群体，近年来心理学、教育学界对其身心发展特征研究颇多，特别是和学习成绩关系密切的认知过程问

题更是该领域的研究热点。已有研究结果表明，学习障碍儿童存在不同程度的认知失调，注意缺陷便是其中之一，甚至被认为是一个导致儿童学习障碍的非常主要的因素。但是梳理已有的研究成果可以发现，关于学习障碍儿童注意问题的实证性研究并不多见，同时存在研究方法过于简单、研究结果不够系统等诸多问题。且以往对于学习障碍者注意问题的研究多关注其注意的指向性过程，即注意是如何选择、锁定目标的，采用 Stroop 范式研究学习障碍儿童注意问题，但对注意的抑制过程的针对性研究非常稀少。作为注意作用的另一个重要内容，对于抑制过程如何发挥作用、学习障碍儿童的抑制过程具有哪些特征，尚且没有研究对以上问题给出解释。因此，本书希望能通过返回抑制这一可靠的行为实验方法，研究学习障碍儿童的注意抑制特征。鉴于低龄儿童的注意能力受其年龄因素影响较大，本书研究中选取了注意发展水平趋于稳定的初中阶段的被试，以排除年龄的影响。

在回顾前人关于返回抑制特征的研究的过程中可以发现，其研究主要分为两类：时间特征和空间特征。本书中实验一将对学习障碍初中生返回抑制的时程特征进行研究，而实验二将对学习障碍儿童返回抑制的空间特征进行研究。通过对学习障碍初中生返回抑制时间、空间特征的研究，尝试回答两个问题：学习障碍者注意抑制过程是否存在缺陷；若存在缺陷，其具体表现是什么。

二、学习障碍初中生返回抑制机制研究

关于返回抑制的机制问题始终是该领域的研究热点，但综观目前

得到的研究结论，尚存在诸多争议之处。因此，本书中实验三、实验四和实验五主要关注返回抑制的作用参照系、作用过程和是否存在非线索化位置的易化效应这三个主要的机制问题。前人在研究返回抑制的过程中，提出了许多经典范式，那么是否可以在原有范式的基础上进行一些改变，从而优化某些问题的研究呢？基于这种思考，在探讨返回抑制机制的三个研究中，在借鉴前人已有研究方法的基础上，围绕研究目的，本书中的三个实验对于刺激材料、实验程序进行了修改，从实验逻辑上分离基于空间与基于客体的返回抑制、知觉抑制与反应抑制以及线索化位置和非线索位置主观偏好的差异。通过对于返回抑制机制问题的研究，可以深入了解学习障碍者在注意抑制过程中的编码方式、作用过程以及反应偏向的情况。预期研究结果在丰富关于返回抑制机制的理论体系的同时，刺激材料和实验程序的创新将为后续研究提供借鉴。

三、总体研究设计

围绕研究目标，本书包含五个实验，研究架构如图 3-1 所示。

实验一：学习障碍与普通初中生返回抑制时程特征比较。

本实验通过改变线索和靶刺激之间的时间间隔（SOA），探讨对于学习障碍初中生而言，返回抑制何时出现及持续时间的问题。实验中包含两类反应类型：检测反应和辨别反应。通过对比同一实验条件下普通儿童与学习障碍儿童行为反应的差异，了解学习障碍儿童视觉搜索过程中，注意抑制的启动时间和持续时间。实验一的主要目的是在对比的视角下，对返回抑制的时间进程问题进行研究。

实验二：学习障碍与普通初中生返回抑制空间特征比较。

为了研究当多个线索出现时，被试是否会对每个线索化位置都产生返回抑制这一空间特征问题，在实验二中，靶刺激出现之前会呈现多个线索，其中实验二 A 中多个线索依次呈现，实验二 B 中多个线索同时呈现，当线索数量为 2 个或 2 个以上时，若在多个线索化位置都出现返回抑制，说明其可以分布于多个空间方位，即返回抑制容量大于 1。通过对比普通儿童和学习障碍儿童在同一实验条件下的行为表现，了解学习障碍儿童视觉注意的分配和转移特征。

实验三：返回抑制的参照系——基于空间？基于客体？

本研究关注返回抑制的产生过程中的参照系问题，探讨抑制现象的产生是对于空间信息编码还是对于客体信息编码。研究中采用动态范式和两种不同的形状交叉排列的外周线索，在靶刺激呈现前，线索呈现并发生一次位置的变动，若在原线索位置（此时该位置刺激形态已经变化）观察到返回抑制，说明其参照系是空间位置；若在原线索转动之后停留的位置观察到返回抑制，则说明其参考系是客体本身。此外，通过对比普通儿童和学习障碍儿童在同一实验条件下的行为表现，了解学习障碍儿童视觉搜索过程的参照系选择情况。

实验四：返回抑制的作用过程——知觉抑制？反应抑制？

本研究中，将线索－靶刺激内容的一致性作为自变量，根据反应抑制假设，如果抑制发生在反应阶段，当线索－靶刺激内容一致时，抑制效应比线索－靶刺激内容不一致时表现明显；但是如果抑制发生在知觉阶段，线索－靶刺激内容的一致性将不影响返回抑制效应。另外，通过对比普通儿童和学习障碍儿童在同一实验条件下的行为表现，了解对于学习障碍儿童而言，其抑制功能的缺陷主要作用于知觉过程还是反应过程。

实验五：反应偏向——非线索化位置的易化效应。

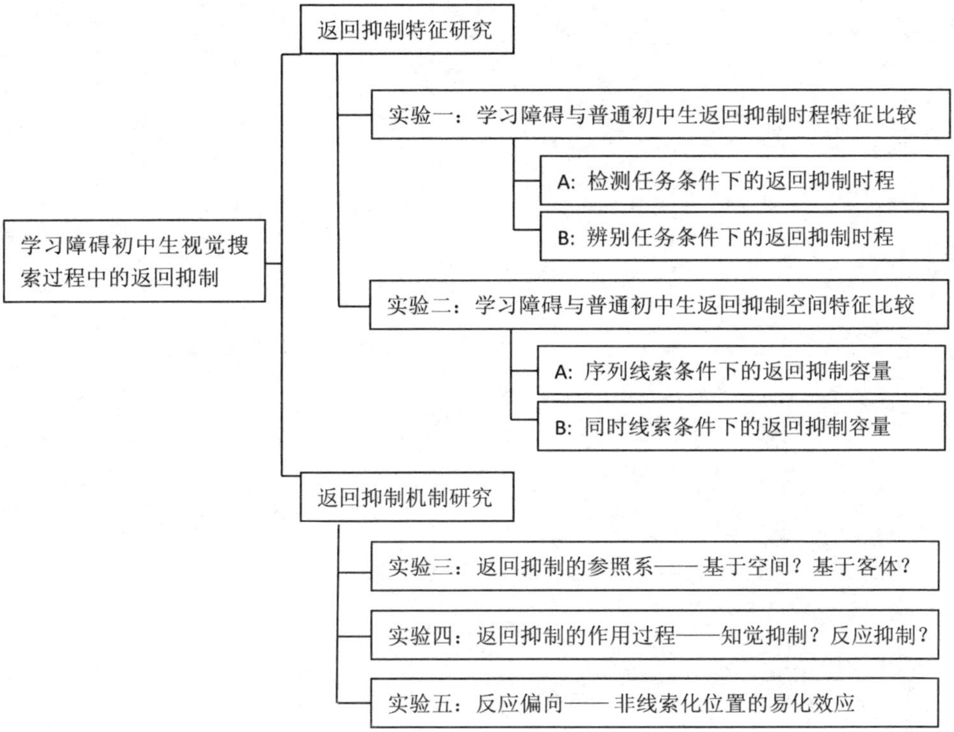

图 3-1 “学习障碍初中生视觉搜索过程中的返回抑制”研究架构图

本研究中将返回抑制的研究程序进行了调整，在线索呈现后不再出现靶刺激，而是要求被试对于靶刺激可能出现的位置进行判断。若被试在判断过程中，对于线索化位置和非线索化位置表现出有差异的偏向，认为靶刺激出现在非线索化位置的可能性大于出现在线索化位置，则可以说明，返回抑制效应的产生和个体对新位置的偏好有关系，印证前人关于“非线索化位置存在易化效应”的论断。此外，通过对比同一实验条件下普通儿童和学习障碍儿童位置偏好，分析实验组和控制组在有意识地控制注意隔离无效线索，指向新位置时表现出的差异。

第二篇

学习障碍初中生返回抑制研究

第四章

学习障碍初中生返回抑制特征研究

第一节　学习障碍与普通初中生返回抑制时程特征比较

一、引言

返回抑制的时程研究主要讨论返回抑制出现的时间和持续的时间，属于返回抑制领域最基础的研究课题。Posner 和 Cohen（1984）研究发现，当 SOA 大于 300 ms 时，出现返回抑制现象，关于返回抑制可持续多久这一问题，目前的研究中尚未得出统一的结论。有研究者认为，当 SOA 大于 1200 ms 时，返回抑制消失。也有研究者认为，返回抑制的持续时间可延长至 1500 ms 甚至 1800 ms（Hartley et al, 1995；Faust et al, 1997；Danziger et al, 1998；Berlucchi et al, 2000；Langley et al, 2001；Castel et al, 2003；Bao et al, 2004；Langley et al, 2007；Langley et al, 2011）。

总结以往研究结果可以发现，返回抑制的时程受被试特征和任务难度因素影响。例如，被试的年龄特征是影响返回抑制的一个重要因素（王均 等，2000；钞秋玲 等，2008；白学军 等，2012；Samuel et al, 2003；Bao et al, 2004；Castel et al, 2003；Langley et al, 2001, 2007, 2011），研究结果发现，新生儿即存在返回抑制，老年人的返回抑制出现时间比对照组延迟。另外，被试的心理健康水平也影响返回抑制时程。例如，研究发现，对比普通人，抑郁症患者返回抑制出现较晚（戴琴 等，2009；高丽玲 等，2012）；在多例以精神分裂症患者为被试的返回抑制研究结果中，同样发现了返回抑制在出现时程方面表现出的延迟。某些发展障碍影响儿童的返回抑制时程，如王李燕（2009）在以学习障碍小学生为被试的返回抑制研究中发现，对比普通小学生，学习障碍儿童返回抑制出现时程滞后。

任务难度是影响返回抑制时程的又一个重要因素。在 Posner 等人进行的返回抑制经典研究中，采用了简单的检测任务，被试需要判断某一预定靶刺激是否出现并按键反应，发现返回抑制现象，起初研究者认为在辨别任务中并不存在返回抑制（Terry et al, 1994）。直到 1996 年，Tanaka 和 Shimojo 率先在辨别任务中观察到返回抑制现象，后来研究者证明，在辨别任务中如果想要观察到返回抑制现象，需要延长 SOA（Lupianez et al, 1997），在其他实验条件相同的情况下，任务的复杂程度影响返回抑制的时程，当任务复杂程度提高时，返回抑制出现的时间较晚。

综上所述，已有关于返回抑制的时程研究表明，被试特征和任务难度都是影响返回抑制时程的重要变量，但并未见以初中生学习障碍儿童为被试的返回抑制时程问题的研究，因此，实验一通过设置 SOA，对比学习障碍初中生和普通初中生返回抑制的时程特点，实验一分为 A、B 两个部分，其中 A 部分被试的反应任务为检测任务，即只有一种靶刺激出现、被试在发现靶刺激的情况下按键反应；B 部分为辨别任务，靶刺激有两种不同的形式，对应的被试需要作出两种不同的反应，被试需辨别靶刺激内容后再选择反应方式。

二、研究方法

1. 被试

实验组：LD 儿童 20 人，平均年龄 14.7 岁，男生 12 人，女生 8 人。

对照组：普通儿童 20 人，平均年龄 14.3 岁，男生 9 人，女生 11 人。

被试筛选标准：

实验组被试筛选标准：学习障碍初中生筛选采用学习障碍的操作定义。

（1）学习成绩显著落后：期末统考主要科目（数学、语文、英语）平均成绩居年级后 10%，且其中至少一门课程不及格。班主任对其综合评定认为存在学习障碍。

（2）联合型瑞文智力测验分数在 90 分以上。

（3）排除精神障碍和感官功能障碍导致的学习成绩落后。

（4）排除教育、环境等客观因素导致的学习成绩落后。

（5）排除动机问题导致的学习成绩落后。

对照组筛选标准：

（1）身心发育正常，联合型瑞文智力测验分数在90分以上。

（2）排除学习障碍群体，期末统考主要科目平均成绩居年级前90%。

（3）班主任对其综合能力评定为正常。

对照组与实验组被试客观条件匹配，如受教育环境等。

所有被试矫正视力正常，右利手。学习障碍组和对照组被试受教育环境匹配。被试之前未参加过类似实验，自愿参与本研究，并取得其监护人同意。以下四个实验中被试筛选标准相同，故此不再逐一进行说明。

2. 仪器

实验在 Acer Aspire 3810T 计算机上进行，显示器14.1英寸，分辨率为1024×768，实验程序采用心理学专用实验软件 E-prime S1.1 编制，程序运行环境 Windows XP 操作系统。

3. 材料

实验进行中主界面背景为灰色 RGB（150，150，150），在实验开始前，呈现灰屏。进入实验程序后，屏幕中央水平位置并列三个2 cm×2 cm方框，边框黑色 RGB（0，0，0），线条粗细1.5磅，无填充。方框中心点间距6 cm，在实验进行过程中，通过加亮方框边框方式进行线索化，即边框变为白色 RGB（255，255，255）。检测任务中，靶刺激为白色 1.5 cm × 1.5 cm “★”，辨别任务中，靶刺激为白色 1.5 cm × 1.5 cm “★” 和 “■”。

4. 实验设计

实验中包含 A、B 两个分实验，均采用 2 × 7 × 2 三因素混合实验设计，自变量、因变量相同，故统一说明：

因变量：靶刺激出现到按键的反应时间。

自变量 a：被试组（a1 = 学习障碍儿童，a2 = 正常儿童），被试间变量。

自变量 b：SOA（b1 = 150 ms、b2 = 300 ms、b3 = 500 ms、b4 = 700 ms、b5 = 900 ms、b6 = 1200 ms、b7 = 1500 ms），被试内变量。

自变量 c：靶刺激位置（c1 = 靶刺激出现在线索化位置，c2 = 靶刺激出现在非线索化位置），被试内变量。

若靶子出现在线索化位置时的反应时间显著长于靶子出现在非线索化位置时的反应时间，说明存在返回抑制。返回抑制效应量等于靶子出现在线索化位置与非线索化位置反应时的差值（返回抑制效应量 = RTcued − RTuncued），效应量值越大，说明返回抑制效应越明显，若为负值，则表现为提示作用。虽然研究中并未将返回抑制效应量作为直接测量的因变量，但在某些情况下，为了更加清晰地分析说明研究结果，将对“返回抑制效应量”进行分析。

5. 实验过程

被试坐在电脑前，眼睛距电脑屏幕约 60 cm，为防止无关视觉刺激干扰，实验房间灯光调暗。

实验一 A：检测任务条件下返回抑制的时程研究。

在实验开始前，向被试解释实验任务，每一个试次中，实验过程如图 4-1 所示：

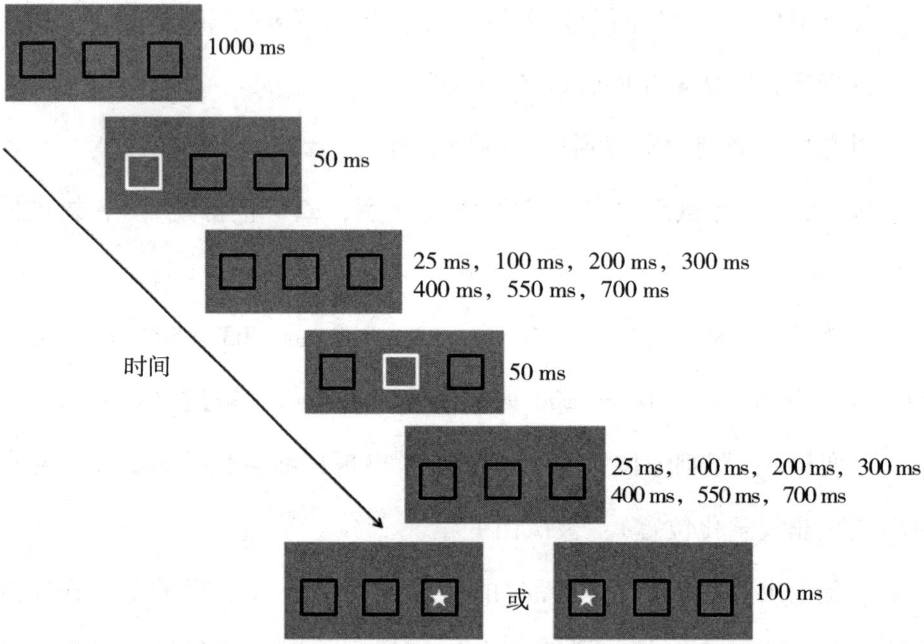

图 4-1 不同 SOA 条件下检测任务流程图

实验开始前屏幕呈现背景灰色，被试按任意键进入实验程序：

（1）主界面呈现 1000 ms。

（2）任意一外周位置线索化 50 ms。

（3）回到主界面，根据 SOA 不同，呈现时间分别为 25 ms、100 ms、200 ms、300 ms、400 ms、550 ms、700 ms。

（4）中央线索化 50 ms。

（5）回到主界面，根据SOA不同，呈现时间分别为25 ms、100 ms、200 ms、300 ms、400 ms、550 ms、700 ms。

（6）在任意一个外周位置呈现靶刺激100 ms。

（7）电脑灰屏至被试对靶刺激作出反应或2000 ms后自动进入下一个试次。

被试需要尽可能集中精力，对于屏幕出现“★”尽快按“空格”键反应，可以忽略屏幕呈现的其他内容。实验开始前，主试向被试讲解实验指导语，并提示被试，线索与靶刺激之间并不存在预测关系，被试只需要对靶刺激进行反应即可。当被试表示理解实验任务时，按“Enter”键进入实验程序。首先完成20次练习任务，结果不计入统计，练习任务结束后休息，再次确认被试已经完全理解了实验内容后，按“Enter”键进入正式实验程序。正式实验包含168个试次，根据SOA和线索-靶刺激位置关系的不同，共包含14种实验条件，每种实验条件安排10个试次，共140个试次，另外为避免虚假反应，加入28个靶刺激不出现的探测试次。168个试次顺序随机。整个过程需要10~15分钟完成，正式实验开始后，中间不安排停顿休息。

实验一B：辨别任务条件下返回抑制的时程研究。

辨别实验任务和检测实验任务的进行过程基本相同：首先解释实验任务，之后进行练习和正式实验。在辨别任务的每一个试次中，靶刺激出现前屏幕呈现内容与检测任务相同，但辨别任务的靶刺激有两种：“★”和“■”。若出现靶刺激为“★”，被试需按“V”键反应；若出现靶刺激为“■”，被试需按“M”键反应。

根据 SOA、线索－靶刺激位置关系 14 种不同的实验条件，每种实验条件包含 20 个试次，其中 10 次靶刺激为“★”，另外 10 次靶刺激为“■”。共 280 个试次，由于辨别任务不存在虚假反应可能性，因此不需要探测刺激，280 试次呈现顺序随机。正式实验开始前进行 20 次练习，确保被试理解实验任务后进入正式实验程序。

正式实验用时约 20 分钟，鉴于该过程需要时间较长，在完成 140 试次后，被试休息一次，时间为 5 分钟。

每个被试单独完成上述实验程序，实验结束后赠予小礼物。

三、结果与分析

采用 SPSS16.0 对数据进行统计分析。

实验数据预处理：根据已有研究数据处理标准（Bell et al，2004）对实验数据进行预处理。一是根据研究目的，分析返回抑制这一与被试对靶刺激反应时间密切相关的视觉搜索特征，故不对反应中的错误率进行分析统计，而是将总体错误率（错误的认定：漏检、虚报和按键错误、反应时小于 120 或大于 800）高于 5% 的被试所有数据作无效处理。二是剩余被试数据中删除反应时小于 120 ms 和大于 800 ms 的数据。

经预处理，最终学习障碍组有 16 名被试数据结果、正常组有 17 名被试数据结果计入最终结果。

1. 实验一 A：检测任务条件下的返回抑制时程

检测任务中，学习障碍组被试和普通组被试在 SOA 取值不同的情况下，对于出现在线索化位置和非线索化位置的靶刺激的反应时的平均数和标准差，即两组被试在各种实验条件下反应时的描述性统计结果见表 4-1：

表 4-1　检测任务中各实验条件下反应时间平均数（标准差）　　单位：ms

SOA	LD（N = 16）		Normal（N = 17）	
	RTcued	RTuncued	RTcued	RTuncued
150	382.500（17.753）	400.802（17.874）	336.059（20.843）	357.011（21.508）
300	367.750（19.327）	395.375（20.506）	351.941（22.551）	335.647（18.837）
500	397.363（18.318）	397.062（26.441）	363.000（23.186）	350.353（17.428）
700	385.812（28.528）	367.938（22.602）	383.213（20.871）	360.011（22.161）
900	381.845（30.681）	366.811（22.423）	371.543（19.332）	356.322（21.005）
1200	387.823（27.374）	381.811（29.178）	354.078（17.120）	337.005（20.093）
1500	393.812（24.687）	402.062（20.315）	373.659（18.031）	366.711（19.078）

注：表中 LD 表示学习障碍组被试，Normal 表示普通组被试，RTcued 表示靶刺激出现在线索化位置的反应时，RTuncued 表示靶刺激出现在非线索化位置的反应时。

实验一 A 中涉及 3 个自变量，因此采用三因素混合设计方差分析，被试间变量主效应显著：F（1，31）= 65.19，P = .000 < .001，说明被试类型显著影响反应时间，普通儿童反应速度小于 LD 儿童。方差齐性检验结果显示数据不满足方差齐性要求（P = .000 < .05），故被试内变量 SOA，靶刺激位置的一元方差分析结果采用“Greenhouse - Geisser”调整值，结果见表 4-2：

表 4-2 被试内变量主效应及交互效应方差分析结果

差异来源	平方和	自由度	均方	F	Sig.
SOA	20888. 238	2. 624	7959. 886	7. 074	. 001
SOA × 被试	24117. 978	2. 624	9190. 644	8. 168	. 000
靶刺激位置	1780. 952	1	1780. 952	5. 049	. 032
靶刺激位置 × 被试	4253. 680	1	4253. 680	12. 059	. 002
SOA × 靶刺激位置	18571. 729	3. 860	4810. 926	9. 778	. 000
SOA × 靶刺激位置 × 被试	5916. 517	3. 860	1532. 648	3. 115	. 019

一元方差分析结果显示，SOA 主效应极其显著（$P=.001<.01$），靶刺激位置主效应显著（$P=.032<.05$），3 个自变量之间存在显著交互作用（$P=.019<.05$），如图 4-2 所示：

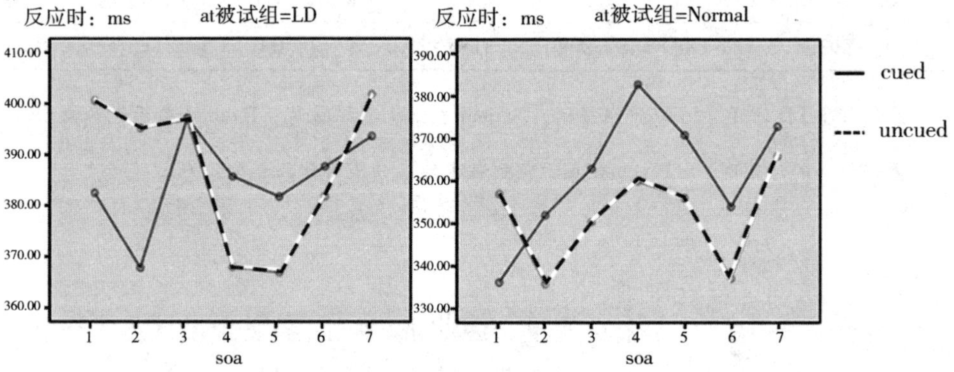

图 4-2 方差分析交互作用效果图

图 4-2 中分别呈现了学习障碍组被试和普通组被试在 SOA 的 7 个水平上对于线索化位置靶刺激和非线索化位置靶刺激反应时的差异比较。图中实线和虚线之间的距离反映了返回抑制效应量（返回抑制效应量 = RTcued-RTuncued），在相同 SOA 条件下，实线在上、虚线在下（RTcued > RTuncued）说明出现返回抑制效应，反之说明返回抑制效应反转为提示效应。从图中可以明显看出，普通儿童在 SOA 的第 2 ~7 个水平上都表现出返回抑制，而 LD 儿童仅在 SOA 第 4 ~6 水平上表现出返回抑制。

由于 SOA × 靶刺激位置 × 被试 3 个自变量之间存在显著交互作用，故进一步进行简单简单效应分析，结果如表 4-3 所示：

表 4-3 自变量之间交互作用简单简单效应检验及多重比较结果

被试组	SOA	RTcued 均数	RTuncued 均数	均差 RTcued - RTuncued	标准误	F	Sig.[a]
LD (N = 16)	150	382.500	400.802	-18.302***	1.028	31.720	.000
	300	367.750	395.375	-27.625***	6.865	16.192	.000
	500	397.363	397.062	.301	5.484	.003	.955
	700	385.812	367.938	17.875***	3.363	28.251	.000
	900	381.845	366.811	15.034	8.411	3.182	.084
	1200	387.823	381.811	6.012	6.946	.746	.394
	1500	393.812	402.062	-8.250	8.541	.933	.342
Normal (N = 17)	150	336.059	357.011	-20.952***	.998	44.071	.000
	300	351.941	335.647	16.294*	6.660	5.985	.020
	500	363.000	350.353	12.647*	5.320	5.651	.024
	700	383.213	360.011	23.212***	3.263	49.694	.000
	900	371.543	356.322	15.321	8.159	3.380	.076
	1200	354.078	337.005	17.073*	6.738	6.365	.017
	1500	373.659	366.711	6.948	8.286	.714	.405

注：表中均差 = 返回抑制效应量。均差差异显著且为正值，说明出现明显的返回抑制；均差显著且为负值，说明出现显著的提示效应。* 表示 $P<.05$；** 表示 $P<.01$；*** 表示 $P<.001$。下文表格中相同内容不再逐一说明。

简单简单效应检验过程中，对比了学习障碍组与普通组在SOA的每个水平上，对于线索化条件下靶刺激反应时间和非线索化条件下靶刺激的反应时间均数的差异，表4-3检验结果显示，在检测任务中，普通被试在SOA为300 ms时，线索化位置靶刺激反应时间显著大于非线索化位置（$P = .000 < .001$），表现出显著的返回抑制效应，持续到1200 ms，当SOA = 1500 ms时，返回抑制消失；而学习障碍被试当SOA = 700 ms时观察到显著的返回抑制，而且持续时间较短，SOA = 900 ms，SOA = 1200 ms时返回抑制效应存在但不显著，当SOA = 1500 ms时返回抑制消失，反转为提示效应。

2. 实验一B：辨别任务条件下的返回抑制的时程

辨别任务中，学习障碍组被试和普通组被试在SOA取值不同的情况下，对于出现在线索化位置和非线索化位置的靶刺激的反应时的平均数和标准差，即两组被试在各种实验条件下反应时的描述性统计结果见表4-4：

表4-4 辨别任务中，两组被试反应时间平均数（标准差） 单位：ms

SOA	LD（N = 16）		Normal（N = 17）	
	Cued	Uncued	Cued	Uncued
150	581.017（19.047）	580.000（18.629）	492.436（24.801）	504.423（20.168）
300	598.938（18.617）	614.750（23.265）	553.214（17.681）	564.105（17.528）
500	586.250（21.498）	608.063（22.113）	568.647（22.310）	569.017（19.968）
700	590.712（22.636）	611.602（24.593）	552.643（19.049）	560.216（17.080）
900	573.827（24.451）	577.938（22.590）	541.005（22.430）	521.617（23.600）
1200	606.861（23.313）	599.833（22.106）	562.101（18.320）	515.235（27.772）
1500	586.562（32.692）	542.387（29.178）	569.794（18.731）	465.118（24.108）

实验一 B 中涉及 3 个自变量，因此采用三因素混合设计方差分析，被试间变量主效应显著：F（1，31）=305.828，P=.000<.001，被试类型显著影响反应时间，普通儿童反应速度小于 LD 儿童。球形检验结果显示数据不满足方差齐性要求（P=.000<.05），故被试内变量 SOA，靶刺激位置的一元方差分析结果采用“Greenhouse - Geisser”调整值，结果见表 4-5：

表 4-5 被试内变量主效应及交互效应方差分析结果

差异来源	平方和	自由度	均方	F	Sig.
SOA	487459.975	3.243	150289.063	49.470	.000
SOA×被试	37723.395	3.243	11630.521	9.893	.000
靶刺激位置	71275.223	1.000	71275.223	19.629	.000
靶刺激位置×被试	7116.193	1.000	7116.193	26.690	.001
SOA×靶刺激位置	507467.576	3.029	190671.122	40.576	.000
SOA×靶刺激位置×被试	6786.303	2.661	2549.822	5.532	.000

一元方差分析结果显示，SOA 主效应极其显著（P=.000<.001），靶刺激位置主效应显著（P=.000<.001），3 个自变量之间存在显著交互作用（P=.000<.001），如图 4-3 所示：

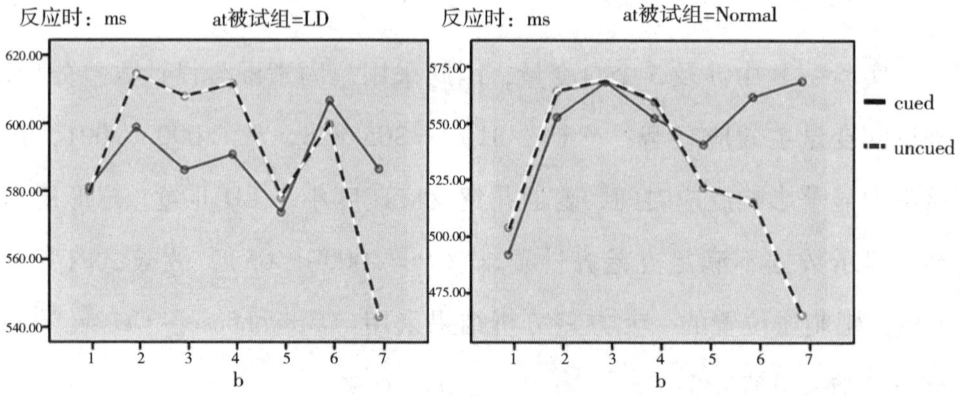

图 4-3 辨别任务中交互作用效果图

图4-3分别呈现了辨别任务中，学习障碍组被试和普通组被试在SOA的7个水平上对于线索化位置靶刺激和非线索化位置靶刺激反应时的差异比较。图中实线、虚线两条线之间的距离反映了返回抑制效应量（返回抑制效应量 = RTcued - RTuncued），在相同SOA条件下，实线在上，虚线在下（RTcued > RTuncued），说明出现返回抑制效应，反之说明返回抑制效应反转为提示效应。从图中可以明显看出，普通儿童在SOA的第5~7个水平上都表现出返回抑制，而LD儿童仅在SOA第6、7水平上表现出返回抑制。由于自变量之间存在显著交互作用，故进一步进行简单简单效应分析，结果如表4-6所示：

表 4-6　自变量之间交互作用简单简单效应检验及多重比较结果

被试组	SOA	RTcued 均数	RTuncued 均数	均差 RTcued – RTuncued	标准误	F	Sig. [a]
LD (N = 16)	150	581. 017	580. 000	1. 017	2. 579	. 150	. 701
	300	598. 938	614. 750	– 15. 812	8. 986	3. 096	. 088
	500	586. 250	608. 063	– 21. 813***	3. 892	31. 405	. 000
	700	590. 712	611. 602	– 21. 110***	3. 568	34. 633	. 000
	900	573. 827	577. 938	– 4. 140	8. 656	. 227	. 637
	1200	606. 861	599. 833	7. 028	8. 499	. 678	. 416
	1500	586. 562	542. 387	43. 175***	10. 627	16. 947	. 000
Normal (N = 17)	150	492. 436	504. 423	– 12. 013***	2. 502	23. 010	. 000
	300	553. 214	564. 105	– 10. 891	8. 718	1. 696	. 202
	500	568. 647	569. 017	–. 330	3. 776	. 009	. 926
	700	552. 643	560. 216	– 7. 573*	3. 462	4. 511	. 042
	900	541. 005	521. 617	19. 388*	8. 398	5. 311	. 028
	1200	562. 101	515. 235	46. 866***	8. 245	32. 169	. 000
	1500	569. 794	465. 118	104. 676***	10. 310	101. 52	. 000

在简单简单效应检验过程中，对比了学习障碍组与普通组在 SOA 的每个水平上，对于线索化条件下靶刺激反应时间和非线索化条件下靶刺激的反应时间均数的差异。表 4-6 中检验结果显示，在辨别任务中，普通被试在 SOA = 150 ms 时表现出显著的提示效应，SOA 为 900 ms时表现出显著的返回抑制效应，持续到 1500 ms；而学习障碍被试当SOA = 1500 ms 时观察到显著的返回抑制，SOA = 1200 ms 表现出返回抑制效应但不明显，而 SOA = 900 ms 表现出提示效应但不明显，

SOA≤700 ms 表现出显著的提示效应。

四、讨论

1. 学习障碍儿童与普通儿童存在返回抑制时程存在差异

在检测任务中，普通儿童返回抑制出现在 SOA = 300 ms 时，从持续时间来看，两类被试也表现出明显不同，普通儿童返回抑制消失在持续到近 1500 ms，而学习障碍儿童的返回抑制消失更早，SOA 大于 900 ms 即消失。

在辨别任务中，普通儿童返回抑制出现在 SOA = 900 ms 时，而学习障碍儿童要到 1500 ms 才可以观察到这一现象，由于本研究中辨别任务选择时程范围不够大，因此未观察到当 SOA 达到多大值返回抑制消失。

返回抑制时程问题可以认为是注意何时发挥作用与持续作用时间的问题，返回抑制出现即表明注意开始发挥作用，当返回抑制消失，说明注意作用结束。实验一通过对比两组被试在返回抑制出现时间方面的差异可以发现，无论是检测任务，还是辨别任务，学习障碍儿童的返回抑制出现时间均滞后于正常儿童。这说明学习障碍儿童的注意启动时间点滞后于普通儿童。当 SOA 较短时，学习障碍儿童比普通儿童表现出更为明显的提示现象，说明其忽略无关刺激的能力较弱，更容易受到干扰；而在返回抑制持续时间方面，检测任务的研究结果清晰显示，相对于普通组被试，学习障碍组被试返回抑制持续作用时间较短，但在辨别任务中，由于研究设计中 SOA 的取值范围不够大，未能观察到这一现象。在后续研究中，可通过更改实验参数设置，即增大 SOA 上限，进一步研究辨别任务中，返回抑制持续作用时间问题。

本研究结果与此前针对某些特殊群体的返回抑制时程问题研究得到的结论具有一致性。例如，郭亚恒（2012）以学习困难初中生为被试，采用 ERP 技术和 CNV 实验模式，结果发现学习困难组视觉注意保持能力显著低于对照组，学困儿童视觉注意保持能力受损，脑干网状结构和辅助运动区（SMA）没有被充分激活。老年人、精神分裂症患者在返回抑制任务中均表现出时程的滞后，且返回抑制作用时间较短（Larrison et al，2002；Castel et al，2003；Bao et al，2004；Gouzoulis et al，2006；Langley et al，2011；刘登堂 等，2008；白学军 等，2012）。另外，唐卫海等人（2011）研究发现，儿童随年龄增长，返回抑制出现时间提前。通过以上研究结果可知，返回抑制出现时间和持续时间是视觉注意品质的一种表现，视觉注意的缺损将导致返回抑制任务表现得异常。本研究中学习障碍儿童在检测任务和辨别任务中，与普通儿童相比，表现出的返回抑制时程特征的异常，成为其视觉注意能力缺损的佐证。

2. 任务难度对返回抑制时程影响明显

另外，实验一结果表明，任务难度是影响返回抑制时程的一个重要因素，在难度较低的检测任务中，更早观察到返回抑制现象，普通被试返回抑制出现在 SOA = 300 ms，学习障碍组返回抑制出现在 SOA = 500 ms，到 SOA = 700 ms 时返回抑制效应显著。而在难度较大的辨别任务中，返回抑制出现较晚，普通儿童的返回抑制出现在 SOA = 900 ms 时，而学习障碍组被试的返回抑制出现在 SOA = 1200 ms 时。

本研究的这一结果与前人的研究结果具有一致性（Lupianez et al,

1997）。Lupianez 等人分析认为，返回抑制是一种普遍而稳定的注意现象，之所以在辨别任务中返回抑制出现时程滞后，是由于靶刺激复杂性增加，被试需要更多注意资源对靶刺激进行加工，返回抑制出现的延迟是注意资源不足的一种表现。

五、结论

本研究对比了普通儿童与学习障碍儿童在简单任务和辨别任务中，不同 SOA 条件下返回抑制表现差异，得到结论如下：

被试类型影响返回抑制时程，无论检测任务还是辨别任务，学习障碍儿童返回抑制出现的时间点滞后于普通儿童，且在作用时间方面，检测任务中普通儿童相比于学习障碍儿童，返回抑制效应作用时间更长，在辨别任务中由于时程范围选择原因，并未能观察到类似现象。

被试类型对反应速度有显著影响，学习障碍被试对于靶刺激的反应速度显著落后于普通儿童。

第二节　学习障碍与普通初中生返回抑制空间特征比较
——多线索条件下的返回抑制容量

一、引言

Posner 和 Cohen 于 1984 年率先提出了“返回抑制”概念，揭示了视觉搜索过程中非常重要的适应性机制。在他们的研究中，外周刺激对称分布于中心注视点左右两侧，后来许多研究仍然沿用了类似的刺激材料。但是，有研究者提出，这一经典范式脱离生活实际。基于视觉信息的复杂性，在进行视觉搜索的过程中，在目标出现之前，可能有若干无关信息出现，根据“返回抑制”的概念，必须对这些无关信息加以抑制。那么，究竟可以对空间中几个位置进行返回抑制呢？带着对这个问题的好奇，心理学家开始了关于返回抑制容量问题的研究。

关于返回抑制容量问题的研究仍然采用经典的线索－靶子范式，只是在靶子呈现前，会有多个线索出现，根据线索出现的顺序关系，又分为序列多线索和同时多线索两种研究模式。

序列多线索法又称为“连续多线索法”，典型的序列多线索法研究过程如图 4-4 所示，多个线索依次呈现，研究者关心的是靶刺激出现在第 N 次线索化位置和靶刺激出现在非线索化位置相比，被试反应时间的变化。

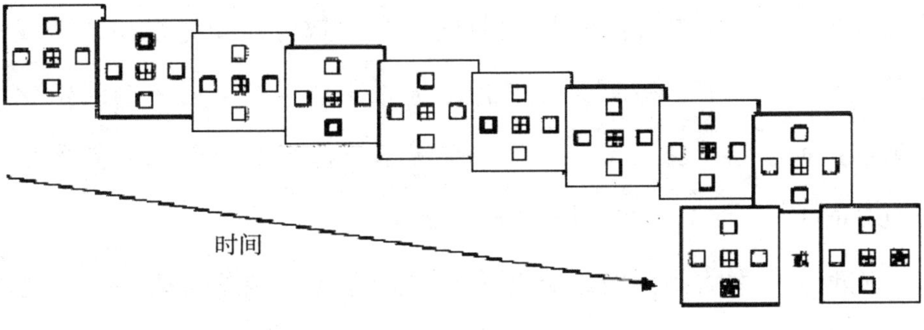

图 4-4 序列线索化条件下的返回抑制实验流程

Pratt 和 Abram（1995）采用序列多线索法研究发现，只有在最后一个线索化位置可以观察到返回抑制，但是该项研究中，仅包含了两个外周位置。此后，Tipper 等人（1996）改进了刺激材料，将外周位置变为4 个，并对其中3 个进行连续线索化，结果发现，所有线索化位置都可以观察到返回抑制。Pratt 和 Abram（1996）认为，Tipper 等人之所以在 3 个位置都观察到返回抑制，是因为3 个线索化位置是连续的，被试可以将其整合为一个统一的抑制区。为了验证这个推断，他们在 Tipper 等人的实验材料基础上，将外周位置变为6 个，首先对空间位置相邻的3 个位置进行连续线索化，随后对3 个间隔的位置进行连续线索化，对比两种情况下返回抑制容量的差异，结果发现：在第一种情况下，被试对3 个位置都表现出返回抑制；在第二种情况下，被试仅对最后一个线索化位置表现出返回抑制，之前两个线索化位置不存在抑制效应。周建中、王甦（2001）进一步将外周位置增加为 12 个，并对其中连续或间隔的6 个位置进行序列线索化，得出了相似的结论。也有研究者发现，返回抑制存在一种“时间扩布”效应，即尽管在几个线索化位置都可以观察到返回抑制，但效应量不同，在最后一个线索化位置的返回抑制效应量最大，而第一个线索化位置的返回抑制效应量最小（Danziger et al，1995；Dodd et al 2003）

同时多线索法指同时线索化多个外周位置，观察是否在这些位置上都存在返回抑制。典型的同时多线索法返回抑制容量研究模式如图 4 –5所示：

事实上，Posner 和 Cohen 在最初研究返回抑制现象时就讨论了同时

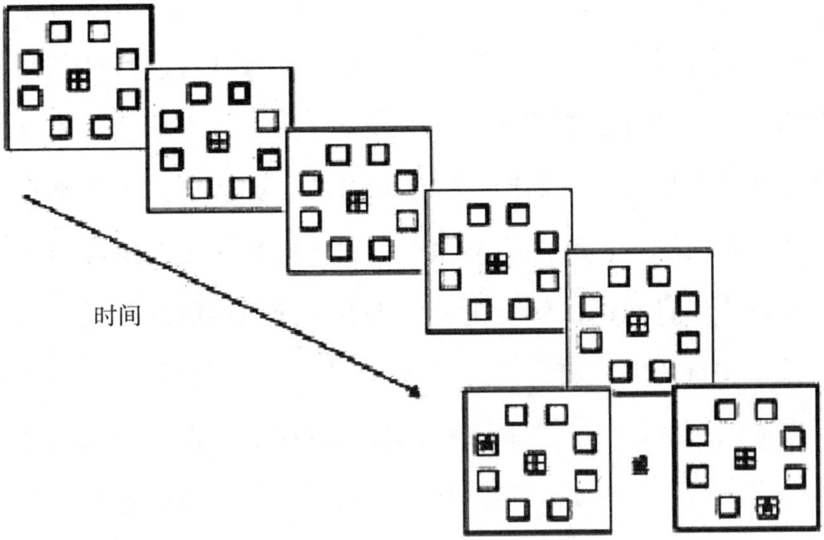

图 4-5　同时线索化条件下的返回抑制

多线索化条件下返回抑制容量的问题，他们尝试对两个外周位置同时进行线索化，结果在两个线索化位置都出现了返回抑制，但是效应量接近单一线索条件下返回抑制效应量的一半。Wright 和 Richard（1996）进行的同时线索化条件下返回抑制容量问题的研究，则被认为是该领域内更有代表性和启示性的成果。当时有理论认为，返回抑制是眼动抑制造成的，因为眼动抑制仅可能发生在一个位置或一个方向，这样在同时多线索条件下，就不可能在线索化位置都观察到返回抑制，Wright 和 Richard 设计的同时多线索化返回抑制容量研究就是对这个理论的检验。结果在多个线索化位置观察到相似的返回抑制效应，由此推翻了眼动抑制理论。周建中、王甦（2001）进一步考察了线索位置关系这一影响因素，结果发现：同时多线索条件下，当线索相邻时，返回抑制的容量为3个；若线索不相邻，返回抑制容量只有1个。

返回抑制容量作为视觉选择性、注意灵活性和适应性的体现，近年来引起了国外学者较多关注，序列线索化方法用来研究注意在多个空间位置如何发生转移，而同时线索化方法更关心注意资源在多个空间位置的分布问题，两者结合使用可以更全面地讨论视觉注意加工过程的空间特征。目前国内研究中，关于返回抑制容量问题的研究尚不多见，且以往研究中，被试均为正常个体，未见到对特殊被试群体返回抑制容量问题的研究，实验二将进行这方面的尝试，通过对比正常儿童和学习障碍儿童在同样实验条件下返回抑制容量的差异，了解学习障碍儿童返回抑制的空间分布特征。但在实验二中，未对线索间位置关系这一前人曾研究过的变量进行讨论，多个线索呈现的位置由程序随机选定，可能是间隔的，也可能是相邻的，或者两种情况皆有之。

实验二分为A、B两部分，实验二A研究序列线索化条件返回抑制容量，实验二B研究同时线索化条件下返回抑制容量。通过记录在某一条件下的返回抑制容量，并与正常儿童进行对比，分析学习障碍儿童视觉注意加工的空间特征。研究假设认为，和普通儿童相比，无论是序列线索化任务，还是同时线索化任务中学习障碍儿童返回抑制容量都更小，若研究结论证实这一假设，则可进一步推论学习障碍个体在注意转移灵活性和注意分配能力方面可能存在不足之处。

二、研究方法

1. 被试

实验组：LD 儿童 15 人，平均年龄 14.1 岁。男生 9 人，女生 6 人。

对照组：正常儿童 15 人，平均年龄 13.9 岁。男生 8 人，女生 7 人。

被试筛选标准同实验一。

2. 仪器

同实验一。

3. 材料

实验进行中主界面背景为灰色 RGB（150，150，150），屏幕中央呈现 1 cm × 1 cm "+" 作为中央注视点。以中央注视点为圆心，6 cm 半径的假想圆上等距分布 8 个 2 cm × 2 cm 方框，边框黑色 RGB（0，0，0），线条粗细 1.5 磅，无填充。方框中心与中央注视点间距 6 cm，在实验进行过程中，通过加亮方式进行线索化，即边框或中央注视点变为白色 RGB（255，255，255）。靶刺激为白色"★"。

4. 实验设计

序列线索化条件下（实验二 A）和同时线索化条件下（实验二 B）返回抑制容量研究自变量、因变量相同，且均为 2 × 4 × 2 三因素混合实验设计。二者差别仅体现在多个线索出现的时间间隔不同，前者多个线索依次呈现，而后者多个线索同时呈现，故统一介绍实验中变量情况：

因变量：靶刺激的反应时间。

自变量 a：被试组（a1 = 学习障碍儿童，a2 = 正常儿童），被试间变量。

自变量 b：线索数量（b1 = 1、b2 = 2、b3 = 3、b4 = 4），被试内变量。

自变量 c：靶刺激位置（c1 = 靶刺激出现在线索化位置，c2 = 靶刺激出现在非线索化位置），被试内变量。

5. 实验过程

被试坐在电脑前，眼睛距电脑屏幕约 60 cm，为防止无关视觉刺激干扰，实验房间灯光调暗。

为平衡练习效应和疲劳效应，根据事先抽签结果，每组中一半被试先完成检测任务，后完成辨别任务，另一半被试与之相反。

实验二 A：序列线索化条件下返回抑制容量研究过程。

实验二 A 中，线索个数为 1 ~ 4 个，当线索个数为 2 个或 2 个以上时，多个线索依次呈现，所有线索呈现结束后进行中央线索化，此后将呈现靶刺激。被试需要以中央线索化为信号进行反应准备，尽可能忽略此前多个线索的影响作用。

时间以 4 个线索出现条件下单次实验流程为例，说明本研究过程，如图 4-6 所示：

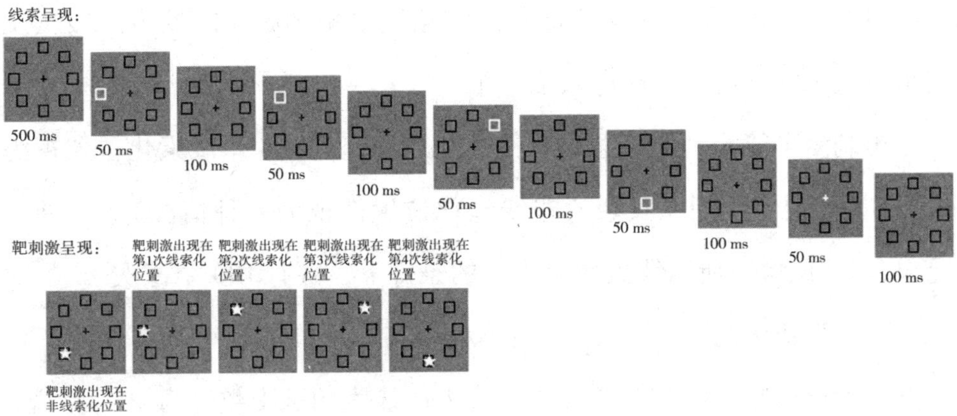

图 4-6 序列线索化条件下实验流程

实验开始前屏幕呈现灰色背景，被试按任意键进入实验程序：

（1）呈现主屏幕 500 ms。

（2）随机对某一位置进行线索化 50 ms。

（3）回到主屏幕 100 ms。

（4）第二次线索化某一随机位置 50 ms（与第一次位置不重复）。

（5）回到主屏幕 100 ms。

（6）第三次线索化某一随机位置 50 ms（与前两次不重复）。

（7）回到主屏幕 100 ms。

（8）第四次线索化某一随机位置 50 ms（与前三次不重复）。

（9）回到主屏 100 ms。

（10）中央线索化 50 ms。

（11）回到主屏幕 100 ms。

（12）靶刺激呈现 50 ms。

（13）呈现灰屏，被试需尽快按空格键对靶刺激作出反应。被试反应结束或2000 ms后自动进入下一个试次。

靶刺激可能出现的位置有5种（靶刺激出现在4个线索化位置视为4种不同情况，出现在其余的非线索化位置都视为一种情况），每种情况包含20试次，所以线索数量为4的条件下，共有100个试次。

当线索数量为1~3个时，实验程序与以上描述过程基本相同，仅是在线索化次数方面存在差异。呈现1次线索的试次数量为40，呈现2次线索的试次数量为60，呈现3次线索的试次为80，呈现4次线索的试次为100。该模块靶刺激呈现的试次共有280个，另外插入56个靶刺激不出现的探测试次，该模块试次总数为336个。由于线索化次数不同的试次随机呈现，因此指导语中特别提醒被试注意中央线索化，靶刺激将在中央线索化之后呈现。

为保证线索数量不同的实验条件下，初次线索呈现和靶刺激呈现的间隔时间（SOA）一致，根据线索化次数的不同，调整第一次线索化到中央线索化之间插入的主屏幕显示时间：当只有1次线索化时，主屏幕显示时间为550 ms，2次线索呈现，主屏幕显示时间250 ms，3次线索呈现，主屏幕显示时间150 ms。

任务开始前主试讲解实验过程，提醒被试特别留意中央线索化之后出现的靶刺激，被试需要尽可能忽略其他呈现内容并确保尽快而准确地对靶刺激进行反应。指导语讲解后安排每位被试进行30次练习，练习中被试可以随时暂停并提问主试，确保被试清楚实验内容、要求后开始正式实验。正式实验大约需要20分钟，分2次完成，中间安排

5 分钟休息。

实验二 B：同时线索化条件下返回抑制容量研究过程。

以 4 个线索呈现的实验条件为例，实验二 B 的流程如图 4-7 所示：

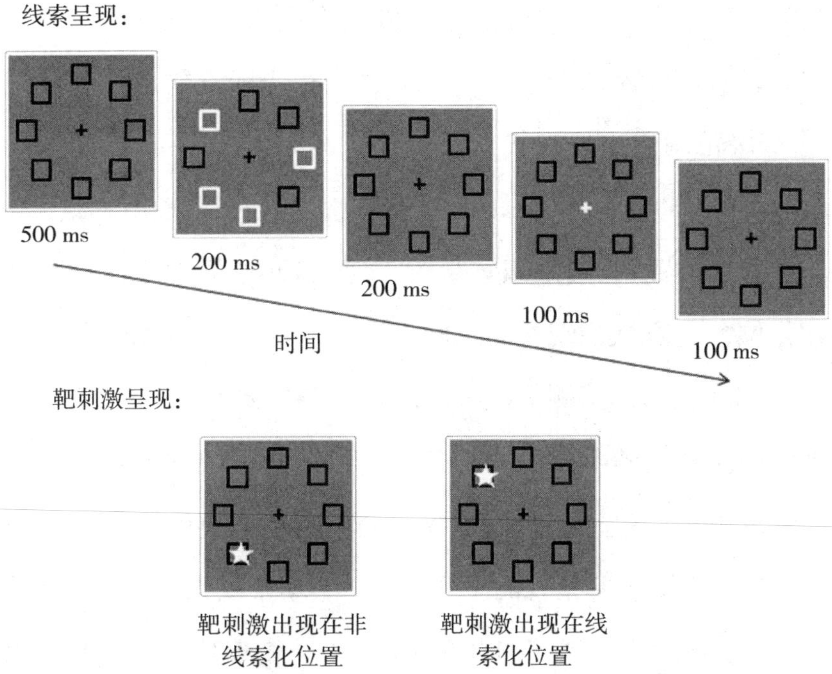

图 4-7　同时线索化条件下实验流程

实验开始前屏幕呈现背景灰色，被试按任意键进入实验程序：

（1）呈现主屏幕 500 ms。

（2）随机对 8 个外周位置中的 4 个进行线索化 200 ms（对 3 个位置进行线索化持续 150 ms，2 个位置 100 ms，1 个位置 50 ms）。

（3）回到主屏幕 200 ms（250 ms，300 ms，350 ms）。

（4）中央线索化 100 ms。

（5）回到主屏幕 100 ms。

（6）呈现靶刺激 50 ms。

（7）灰屏直到被试反应或 2000 ms 后自动进入下一个试次。

当线索数量为 4 时，靶刺激出现在每个线索化位置的试次为 20 次，出现在非线索化位置 20 试次，共 100 试次；当线索数量为 3 时，共 80 试次（60 次靶刺激出现在线索化位置，20 次出现在非线索化位置）；当线索数量为 2 时，60 试次（40 次靶刺激出现在线索化位置，20 次出现在非线索化位置）；当线索数量为 1 时，40 试次（20 次靶刺激出现在线索化位置，20 次出现在非线索化位置）：共 280 试次。另外，插入 56 个靶刺激不出现的探测试次，该模块共 336 试次。

为保证线索数量不同的实验条件下，线索呈现到靶刺激呈现的间隔时间（SOA）一致，根据线索数量的不同，调整线索呈现时间和线索呈现完毕后，主屏幕呈现的呈现时间，当 3 个线索呈现时，线索化时间 150 ms，此后主屏幕呈现 150 ms；当 2 个线索呈现时，线索化时间 100 ms，主屏幕呈现 200 ms；当 1 个线索呈现时，线索化时间 50 ms，主屏幕呈现 250 ms。

任务开始前主试讲解实验过程，提醒被试特别留意中央线索化之后出现的靶刺激，被试需要尽可能忽略其他呈现内容并确保尽快而准确地对靶刺激进行反应。指导语讲解后安排每位被试进行 30 次练习，练习中被试可以随时暂停并提问主试，确保被试清楚实验内容、要求后开始正式实验。正式实验大约需要 20 分钟，分 2 次完成，中间安排 5 分钟休息。

三、结果与分析

采用 SPSS16.0 对数据进行统计分析。数据预处理原则与实验一相同。学习困难组最终 13 名被试数据有效，正常组 15 名被试数据有效。

1. 实验二 A：序列线索条件下的返回抑制容量

序列线索化任务中，学习障碍组被试和普通组被试在线索数量不同的情况下，对于出现在线索化位置和非线索化位置的靶刺激的反应时的平均数和标准差，即两组被试在各种实验条件下反应时的描述性统计结果见表 4-7：

表 4-7　序列线索化任务中，各实验条件下反应时间平均数（标准差）单位：ms

线索数量	LD（N=13）		Normal（N=15）	
	RTcued	RTuncued	RTcued	RTuncued
1	442.692（21.936）	414.462（22.673）	434.667（23.502）	415.467（30.714）
2	437.615（25.464）	449.154（25.109）	423.467（31.586）	394.533（22.9124）
3	432.846（27.107）	446.462（23.796）	408.000（21.814）	400.867（30.773）
4	461.462（26.231）	483.385（25.480）	413.733（18.413）	395.400（23.194）

实验二 A 中涉及 3 个自变量，因此采用三因素混合设计方差分析统计数据，结果显示：被试间变量主效应显著：$F(1, 26)=73.122$，$P=0.000<.001$，LD 被试反应时间显著大于普通被试。方差齐性检验结果显示数据满足方差齐性要求（$P=.428>.05$），被试内变量：线索数量、靶刺激位置的一元方差分析结果见表 4-8：

表 4-8 被试内变量主效应及交互效应方差分析结果

差异来源	平方和	自由度	均方	F	Sig.
线索数量	8339.006	3	2779.669	4.316	.007
线索数量×被试	28850.791	3	9616.930	14.933	.000
靶刺激位置	2609.852	1	2609.852	4.734	.039
靶刺激位置×被试	7439.852	1	7439.852	13.496	.001
线索数量×靶刺激位置	6468.661	3	2156.220	3.802	.013
线索数量×靶刺激位置×被试	5689.947	3	1896.649	3.344	.023

一元方差分析结果显示，线索化次数主效应显著（$P=.007<.01$），靶刺激位置主效应显著（$P=.039<.05$），3 个自变量之间存在显著交互作用（$P=.023<.05$），如图 4-8 所示：

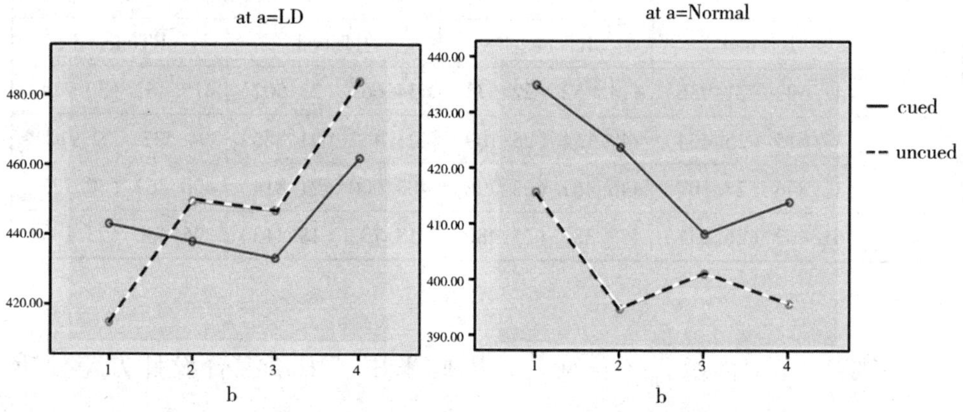

图 4-8 序列线索化条件下自变量间交互作用效果图

图 4-8 中呈现序列线索化条件下，学习障碍组被试和普通组被试在线索数量不同的情况下，对于线索化位置靶刺激和非线索化位置靶刺

激反应时的差异比较。图中实线、虚线两条线之间的距离反映了返回抑制效应量（返回抑制效应量 = RTcued － RTuncued），在线索数量相同的条件下，实线在上，虚线在下（RTcued ＞ RTuncued）说明出现返回抑制效应，反之说明返回抑制效应反转为提示效应。从图中可以明显看出，普通儿童在线索数量 1～4 的四种条件下都表现出返回抑制，而 LD 儿童线索数量为 1 时表现出返回抑制。由于自变量之间存在显著交互作用，故进一步进行简单简单效应分析，结果如表 4-9 所示：

表 4-9　自变量间交换作用简单简单效应检验及多重比较结果

被试组	线索数量	RTcued 均数	RTuncued 均数	均差 RTcued － RTuncued	Std. Error	F	Sig. [a]
LD (N = 13)	1	442.692	414.462	28.231 *	10.151	7.735	.010
	2	437.615	449.154	－11.538	7.937	2.113	.158
	3	432.846	446.462	－13.615	9.754	1.948	.175
	4	461.462	483.385	－21.923 *	9.240	5.629	.025
Normal (N = 15)	1	434.667	415.467	19.200 *	9.450	4.128	.049
	2	423.467	394.533	28.933 * *	7.389	15.332	.001
	3	408.000	400.867	7.133	9.081	.617	.439
	4	413.733	395.400	18.333 *	8.602	4.542	.043

在表 4-9 的简单简单效应检验结果中，对比了学习障碍组与普通组在自变量 b（线索数量）的每个水平上，对于线索化条件下靶刺激反应时间和非线索化条件下靶刺激的反应时间均数的差异，表中内容显示，学习障碍被试仅在线索数量为 1 时表现出明显的返回抑制（$P = .01 < .05$），而在线

索数量为 2 ~4 时，均表现提示效应；普通初中生在线索数量为 1 ~4 时均表现出返回抑制现象（RTcued > RTuncued），在线索数量为 1、2、4 的三种情况下，返回抑制现象极其显著（$P = .049 < .05$；$P = .001 < .01$；$P = .043 < .05$）。

2. 实验二 B：同时线索条件下的返回抑制容量

同时线索化任务中，学习障碍组被试和普通组被试在线索数量不同的情况下，对于出现在线索化位置和非线索化位置的靶刺激的反应时的平均数和标准差，即两组被试在各种实验条件下反应时的描述性统计结果见表 4-10：

表 4-10　同时线索化任务中，各实验条件下反应时间平均数（标准差）单位：ms

线索数量	LD（N = 13）		Normal（N = 15）	
	RTcued	RTuncued	RTcued	RTuncued
1	441.000（22.109）	428.923（24.601）	407.201（23.842）	396.667（19.884）
2	460.012（23.140）	464.005（16.945）	404.212（20.396）	387.708（19.377）
3	463.231（22.635）	475.012（20.663）	409.933（23.490）	385.831（23.139）
4	468.573（17.339）	488.341（16.552）	413.133（21.430）	390.733（23.668）

实验二 B 中涉及 3 个自变量，因此采用 2 ×4 ×2 三因素混合设计方差分析统计数据，结果显示：被试间变量主效应显著：$F(1, 26) = 113.506$，$P = 0.000 < .001$，普通被试反应时显著小于 LD 被试。方差齐性检验结果显示数据满足方差齐性要求（$P = .072 > .05$），被试内变量：线索数量、靶刺激位置的标准一元方差分析结果见表 4-11：

表 4-11　被试内变量主效应及交互效应方差分析结果

差异来源	平方和	自由度	均方	F	Sig.
线索数量	13695. 670	3	4565. 223	16. 781	. 000
线索数量×被试	15856. 063	3	5285. 354	19. 428	. 000
靶刺激位置	2162. 522	1	2162. 522	7. 402	. 011
靶刺激位置×被试	8229. 022	1	8229. 022	28. 167	. 000
线索数量×靶刺激位置	711. 195	3	237. 065	1. 027	. 385
线索数量×靶刺激位置×被试	3986. 409	3	1328. 803	5. 757	. 001

一元方差分析结果显示，线索数量主效应显著（$P=.000<.001$），靶刺激位置主效应显著（$P=.011<.05$），3 个自变量之间存在显著交互作用（$P=.001<.05$），如图 4-9 所示：

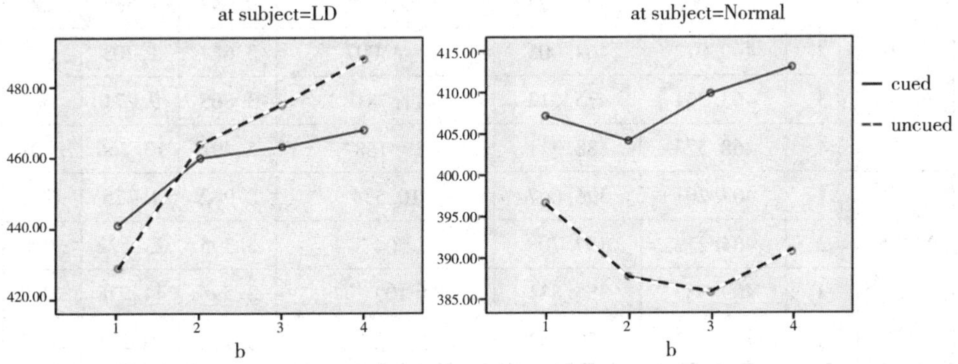

图 4-9　同时任务中，自变量间交互作用效果图

图 4-9 中呈现同时线索化任务，学习障碍组被试和普通组被试在线索数量不同的情况下，对于线索化位置靶刺激和非线索化位置靶刺激反应时的差异比较。图中实线、虚线两条线之间的距离反映了返回抑

制效应量（返回抑制效应量 = RTcued - RTuncued），在线索数量相同的条件下，实线在上，虚线在下（RTcued > RTuncued）说明出现返回抑制效应，反之说明返回抑制效应反转为提示效应。从图中可以明显看出，普通儿童在线索数量 1 ~ 4 的四种条件下都表现出返回抑制，而 LD 儿童线索数量为 1 时表现出返回抑制，与实验二 A 结果一致。由于自变量之间存在显著交互作用，故进一步进行简单简单效应分析，结果如表 4-12 所示：

表 4-12　自变量间交换作用简单简单效应检验及多重比较结果

被试组	线索数量	RTcued 均数	RTuncued 均数	均差 RTcued - RTuncued	Std. Error	F	Sig.[a]
LD (N = 13)	1	441.000	428.923	12.077	9.648	1.567	.222
	2	460.012	464.005	-4.007	3.647	1.203	.283
	3	463.231	475.012	-11.781**	3.865	9.271	.005
	4	468.573	488.341	-19.768**	5.491	13.266	.001
Normal (N = 15)	1	407.201	396.667	10.534	8.982	1.375	.252
	2	404.212	387.708	16.504***	3.395	23.522	.000
	3	409.933	385.831	24.102***	3.598	44.978	.000
	4	413.133	390.733	22.400***	5.112	19.201	.000

在表 4-12 的简单简单效应检验结果中，对比了学习障碍组与普通组在自变量 b（线索数量）的每个水平上，对于线索化条件下靶刺激反应时间和非线索化条件下靶刺激的反应时间均数的差异，表中内容显示，学习障碍被试仅在线索数量为 1 时表现出返回抑制且效应量不显

著，而在线索数量为2~4时，均表现提示效应，3个线索、4个线索的条件下，提示效应显著（$P=.005<.01$；$P=.001<.01$）；普通初中生在线索数量为1~4时均表现出返回抑制现象（RTcued > RTuncued），在线索数量为2、3、4的3种情况下，返回抑制现象极其显著（$P=.000<.001$；$P=.000<.001$；$P=.000<.001$）。

四、讨论

1. 普通儿童在多个空间位置表现出返回抑制

研究结果显示，在A、B两种条件下，普通被试的返回抑制容量都可以达到4，这与前人的研究结论非常接近。Dodd（2005）通过序列多线索范式研究发现，返回抑制效应可以发生在多个线索化位置，而且随着线索数量的增加，返回抑制容量提高。他指出，这种现象反映了人类视觉搜索的灵活性。Wright和Richard（1996）采用同时多线索任务研究了返回抑制是否在并行加工的条件下发生，结果在多个同时出现的线索位置都观察到了返回抑制，而且在抑制效应量方面多个线索之间不存在差异。

但在以往的一些研究中，曾尝试讨论线索位置相邻和线索位置间隔两种情况下返回抑制的容量，并认为当线索位置相邻时，被试的返回抑制容量大于1，而当线索不相邻时，返回抑制容量为1（Tipper，1996；Abram et al，1996；周建中 等，2001）。关于返回抑制和线索位置关系的讨论还包括当几个线索按先后次序出现时，是否都引起同样的返回抑制效应，曾有研究指出，当多个线索依次出现时，尽管在每个线索化位置都可以观察到返回抑制，但是效应量却出现了差异，最后出现的线索引起的返回抑制效应量最大，而最先出现的线索引起的返回抑制效应量最小（Danziger et al，1998；Snyder et al，2000；Dodd，2005）。

实验二中未引入线索位置关系变量，在随机选择线索化位置的条件下，同样观察到普通儿童在多个空间位置的返回抑制，即对于普通儿童被试而言，返回抑制容量大于1。在后续的研究中，可以进一步深入研究线索位置关系对于被试返回抑制容量的影响，用来和前人研究结果进行印证。

2. 学习障碍儿童返回抑制容量小于普通儿童

实验二A和B中得到了相同的结果：普通儿童返回抑制容量为4，学习障碍儿童返回抑制容量为1。学习障碍儿童的返回抑制容量小于普通儿童。

此前的理论总结中曾提到，当多个线索依次出现时，被试需要进行注意的转移，注意资源从一个线索到另一个线索的变化过程，是注意灵活性的重要体现。因此，序列线索化条件下的返回抑制作业考查了个体在空间搜索过程中注意转移的能力，在实验二A中，相比于普通儿童，学习障碍儿童表现出注意转移能力的不足，当线索数量大于2时，被试的注意资源并没有及时转移到新的线索化位置并对其形成抑制。因此在多个线索依次出现时，学习障碍儿童未能表现出返回抑制。此外，多个线索的出现给学习障碍儿童带来了一定程度的反应困难，从图4-8中可以看出，LD儿童对靶刺激的反应时间随着线索数量增加而增加。

与之相对应的，同时线索化条件考查的是注意分配的能力，属于并行加工。当多个线索出现时，被试需要对多个线索化位置同时进行注意，学习障碍儿童在同时注意多个线索的任务中同样表现出一定程度的困难。实验二 B 研究结果显示，当同时出现 4 个线索时，普通儿童对于四个线索化位置均表现出返回抑制，而学习障碍儿童无法做到这一点，当线索数量为 1 时，学习障碍儿童可以表现出对该线索化位置的返回抑制，而更多线索出现时，返回抑制现象消失。由此可知学习障碍儿童在注意的分配能力方面同样存在缺陷，这与前人的研究结论具有一致性（Fawcett，1994；Facoetti，2001）。

学习障碍儿童的返回抑制容量较小这一现象可以用 Kehnman（1973）的注意资源有限性理论进行解释。该理论认为，注意作为一种有限的资源，当目标数量过多时，就会出现资源耗竭，学习障碍儿童可能存在注意资源不足的情况，在资源相对较少的情况下，不能够有效地分配到多个位置，因此当线索数量较多时，无法有效抑制各个线索位置的不必要反应。Posner（1980）也曾提出与之相似的理论，他将注意比喻为“聚光灯”，LD 儿童的注意“灯光更加弥漫”，以至于对当前作业加工效果欠佳，既不能有效控制注意指向，也不能有效利用环境线索提高搜索效率。潘亮（2011）研究发现，被试返回抑制容量受注意资源的制约，在注意资源被其他信息占用的情况下，如要求被试完成记忆任务，返回抑制容量会呈现递减。这一研究结果可以与实验二结果相互印证，说明学习障碍组返回抑制容量小是其注意资源不足引起的。

五、结论

本研究对比了普通儿童与学习障碍儿童在序列线索化条件下与同时线索化条件下返回抑制容量的差异，得出结论如下：

在序列线索化条件下，普通儿童返回抑制容量为4，而学习障碍儿童返回抑制容量为1。

在同时线索化条件下，普通儿童返回抑制容量为4，而学习障碍儿童返回抑制容量为1。

第五章

返回抑制的机制研究

第一节 返回抑制作用参照系：基于空间？基于客体？

一、引言

Posner 和 Cohen（1984）率先提出了返回抑制的概念，并认为这是一种基于空间的注意抑制现象。后续的多数研究者也接受了这一观点。直到 Tipper 等人（1991）采用动态范式对返回抑制现象进行研究：首先在注视点上下左右四个方位均匀分布四个小方框作为外周刺激，然后通过加亮的方式对其中一个进行线索化，线索化结束后，四个方框围绕中央注视点顺时针旋转 90°，最后靶刺激呈现。靶刺激可能出现在曾经线索化的小框、曾经线索化的位置或出现在另外 2 个小框。Tipper 等人的研究结果表明，返回抑制效应并不局限于某个空间位置，当被线索化方框位置变化时，在新位置上同样观察到返回抑制效应，存在基于客体的返回抑制（Tipper et al，1991；Tipper et al，1994）。基于空间和基于客体的返回抑制之间是否相互独立这个问题涉及对于返回抑制机制的探讨。研究者在匹配其他变量的情况下，对比动态范式和静态范式两种条件下返回抑制效应的差异分析基于空间与基于客体的返回抑制之间的关系。

有研究者认为，基于空间的抑制和基于客体的抑制两者本身并非完全独立。Robertson 和 Schendel 等人（2000，2001，2004）指出，在动态范式的研究中，由于转动线索化后的外周方框，为外周方框最后所在的空间位置和先前线索化时停留过的空间位置之间建立起了知觉联系，进而表现出似乎是对先前线索化客体的抑制，而事实上，基于客体的返回抑制反映了对空间抑制信息的动态更新过程。尽管对于基于客体的返回抑制形成的原因学术界尚未形成定论，但“动态更新”观点的提出，引起了多位心理学研究者的兴趣，采用动态范式研究返回抑制究竟是基于空间还是基于客体这一问题一时间成为研究热点。

但更多研究者认为，传统静态范式的返回抑制包含了对空间的抑制和对客体的抑制两种独立成分，将静态范式下得到的抑制量减去动态范式下得到基于客体的抑制量，可以分离出基于空间的抑制量（Jordan et al，1998；McAuliffe et al，2001）。以特殊群体为被试的研究结果也支持两者相互独立的观点。Tipper（1997）采用动态范式，通过对研究裂脑人的返回抑制研究发现，当线索化客体移动，投射位置由右半球变为左半球后，基于客体的返回抑制消失。另外，有研究者对比了青年组被试和老年组被试基于客体的返回抑制的差异，结果发现，两组被试具有相似的基于空间的返回抑制，但老年组被试没有表现出明显的基于客体的返回抑制（Kieley，1995；Faust et al，1997；McCrae et al，2001）。金志成、陈骐（2003）研究发现，基于空间的返回抑制不受注意资源的影响，而基于客体的返回抑制随注意资源的减少出现抑制量减少的情况，从而推论两者享有各自独立的认知加工过程。脑科学的研究成果间接支持了基于空间和基于客体的返回抑制相对独立的观点，例如，Schlag 等人研究发现，丘脑的神经核团负责空间信息的编码，而大脑皮层的颞叶、顶叶和额叶的某些区域联合完成对于客体信息的编码。由此可见，更多研究结论认为基于空间和基于客体的抑制相对独立，且个体的注意缺陷会影响基于客体的返回抑制。

综合已有研究成果可以发现，返回抑制基于空间还是基于客体这一机制问题目前并未得出一致性的研究结论。在前人研究的基础上，实验三改进了刺激材料，由原来单一形式的外周线索变为两种不同形状的外周线索，以此分离动态范式中空间和客体的关系：当外周位置发生转动后，每个位置上的刺激内容发生了变化，如果此时在最初线索化位置仍然观察到返回抑制，说明返回抑制是基于空间的；如果在原线索转动后的新位置观察到返回抑制，说明返回抑制是基于客体的；如果在以上两种情况下均可发生返回抑制，则说明返回抑制的参照系既有空间、又有客体，两种线索可以同时或独立地起作用。此外，返回抑制的动态范式并未用于研究学习障碍儿童的注意问题，实验三将进行这方面的尝试，通过对比学习障碍儿童和普通儿童在基于空间和基于客体的返回抑制任务中的表现，了解学习障碍儿童在视觉搜索过程中，主要采用的线索是什么，习惯于使用单一线索还是多个线索同时使用。

二、研究方法

1. 被试

实验组：LD 儿童 15 人，平均年龄 13.8 岁，男生 9 人，女生 6 人。

对照组：普通儿童 15 人，平均年龄 14.1 岁，男生 7 人，女生 8 人。

被试筛选标准同实验一。

2. 仪器

同实验一。

3. 材料

实验进行中主界面背景为灰色 RGB（150，150，150），屏幕中央呈现一个 1 cm×1 cm 黑色“+”作为注视点。注视点水平方向左、右各一个 2 cm×2 cm 方框，中心距离注视点 6 cm，垂直方向上下各一个半径 2 cm 的圆心，中心距注视点 6 cm，方框、圆形边框黑色 RGB（0，0，0），线条粗细 1.5 磅，无填充。在实验进行过程中，通过加亮方框边框方式进行外周线索化，即边框变为白色 RGB（255，255，255）。研究采用动态线索－靶子范式，靶刺激为“★”。

4. 实验设计

研究采用 2×2×2 三因素混合实验设计：

因变量：对靶刺激反应时间。

自变量 a：被试组（a1 = 习障碍儿童、a2 = 正常儿童），被试间变量。

自变量 b：线索化条件（b1 = 基于位置线索化、b2 = 基于客体线索化），被试内变量。

自变量 3：靶刺激出现位置（c1 = 线索化位置、c2 = 非线索化位置），被试内变量。

在实验三中，采用了动态范式，因此最初线索化客体会旋转 90°，基于位置的线索化（b1）指靶刺激出现在最初线索化位置，而基于客体的线索化（b2）指靶刺激出现在最初线索化客体经旋转后停留的新位置。

5. 实验过程

被试坐在电脑前，眼睛距电脑屏幕约 60 cm，向被试说明实验任务，要求其在屏幕出现"★"尽快按空格键进行反应。

与实验一、实验二不同的是实验三采用了动态范式，在外周线索呈现之后，4 个外周线索会以注视点为中心，顺时针转动 90°，在初始画面中，横向两个外周线索为正方形，纵向两个外周线索为圆形，在 90°旋转后，横向和纵向线索形状发生对调，若返回抑制是基于空间的，则会在原来线索化的位置观察到返回抑制现象；若返回抑制是基于客体的，则会在原线索化图形到达新位置后，观察到新位置出现返回抑制。值得一提的是，在程序设计过程中，并未真正进行外周线索的旋转，而是根据似动现象的原理，安排两个画面间隔 100 ms 呈现，在向被试说明实验程序时，会提示被试在线索化之后，4 个外周位置会顺时针方向旋转，以引导被试产生运动错觉。

在一个试次中，过程如图 5-1 所示：

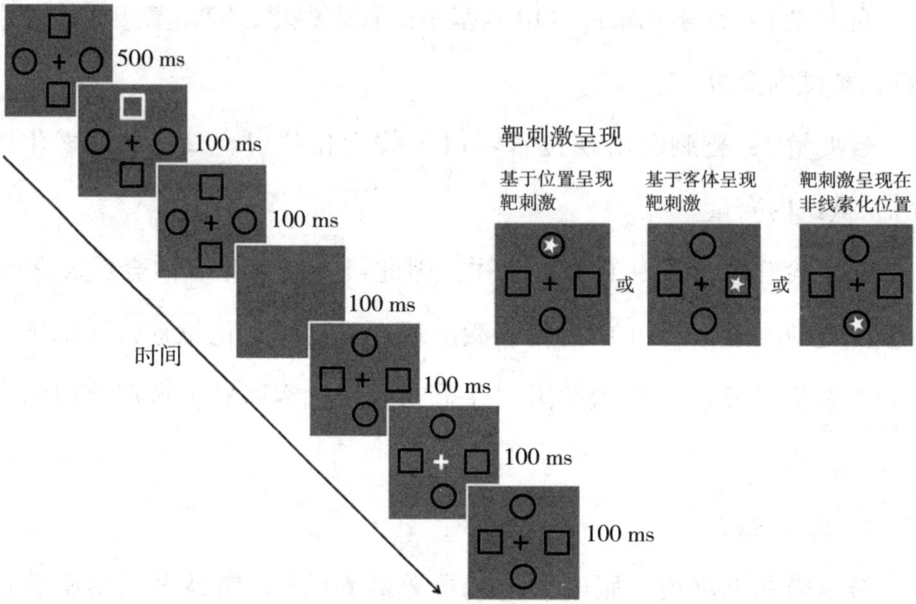

图 5-1　动态范式下返回抑制任务流程图

在程序开始前，屏幕呈现灰屏，按任意键进入程序。

（1）呈现主屏幕 500 ms。

（2）对任意一个外周刺激进行线索化 50 ms。

（3）回到主屏幕 100 ms。

（4）灰屏 100 ms。

（5）呈现旋转结束画面 100 ms。

（6）中央线索化 100 ms。

（7）呈现步骤（5）画面 100 ms。

（8）呈现靶刺激 100 ms。

（9）灰屏，被试按键反应或 2000 ms 后自动进入下一试次。

被试在开始正式实验前，告知被试在判断过程中，应尽可能忽略线索影响，线索不能够有效预测靶刺激位置。进行 20 次练习，练习过程中可以随时终止程序并提问主试与实验有关问题，以便被试对实验任务充分了解。练习结束后被试休息，并自行决定休息时间。

正式实验包含 220 试次，其中靶刺激出现基于空间线索化位置 60 次，出现在基于客体线索化位置 60 次，靶刺激出现在非线索化位置 60 次，另外 40 次不出现靶刺激的探测试次。

三、结果与分析

采用 SPSS16.0 对数据进行统计分析。数据预处理原则与实验一相同。学习困难组 15 名被试数据有效，正常组 15 名被试数据有效。

学习障碍组被试和普通组被试在基于位置和基于客体两种不同的实验条件下，对于出现在线索化位置和非线索化位置的靶刺激的反应时的平均数和标准差，即两组被试在各种实验条件下反应时的描述性统计结果见表 5-1：

表 5-1　各实验条件下反应时间平均数（标准差）　　单位：ms

线索化条件	LD（N = 15）		Normal（N = 15）	
	RTcued	RTuncued	RTcued	RTuncued
位置	545.267（22.789）	523.267（24.455）	414.733（22.089）	398.067（19.211）
客体	554.667（20.562）	556.867（21.882）	435.133（21.131）	403.000（19.398）

实验三中涉及3个自变量，因此采用2×2×2三因素混合设计方差分析统计数据，结果显示：被试间变量主效应显著：$F(1, 28) = 136.900$，$P = 0.000 < .001$，普通被试反应时显著小于LD被试。被试内变量：线索化条件、靶刺激位置的标准一元方差分析结果见表5-2：

表 5-2　被试内变量主效应及交互效应方差分析结果

差异来源	平方和	自由度	均方	F	Sig.
线索化条件	8755.208	1	8755.208	12.874	.001
线索化条件×被试	585.208	1	585.208	.860	.362
靶刺激位置	8823.675	1	8823.675	24.338	.000
靶刺激位置×被试	1576.875	1	1576.875	4.349	.046
线索化条件×靶刺激位置	143.008	1	143.008	.338	.566
线索化条件×靶刺激位置×被试	2950.208	1	2950.208	6.967	.013

一元方差分析结果显示，线索化条件主效应显著（$P = .001 < .01$），靶刺激位置主效应显著（$P = .000 < .001$），3个自变量之间存在显著交互作用（$P = .013 < .05$），如图5-2所示：

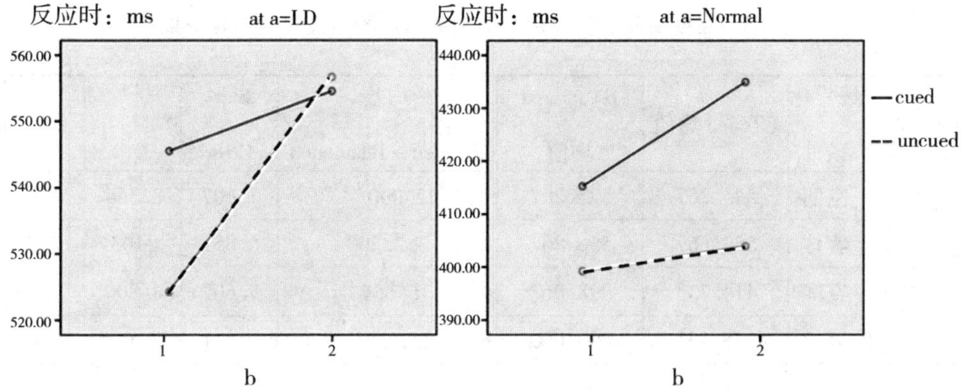

图 5-2 自变量间交互作用效果图

图 5-2 中呈现的是学习障碍组被试和普通组被试在线索化条件不同的情况下，对于线索化位置靶刺激和非线索化位置靶刺激反应时的差异比较。图中实线、虚线两条线之间的距离反映了返回抑制效应量（返回抑制效应量 = RTcued − RTuncued），在自变量 b 的相同水平下，实线在上，虚线在下（RTcued > RTuncued）说明出现返回抑制效应，反之说明返回抑制效应反转为提示效应。从图中可以明显看出，当靶刺激出现在基于空间的线索化位置和基于客体的线索化位置时，普通儿童都表现出返回抑制，而 LD 儿童线索数量当且仅当靶刺激出现在基于空间的线索位置时表现出返回抑制，而当靶刺激出现在线索转动后停留的位置时，返回抑制出现反转。由于自变量之间存在显著交互作用，故进一步进行简单简单效应检验结果如表 5-3 所示：

表 5-3 自变量间交互作用简单简单效应检验及多重比较结果

被试组	线索化条件	RTcued 均值	RTuncued 均值	均差 RTcued - RTuncued	Std. Error	F	Sig. [a]
LD (N = 15)	空间	545.267	523.267	22.000**	7.607	8.364	.007
	客体	554.667	556.867	-2.200	6.851	.103	.750
Normal (N = 15)	空间	414.733	398.067	16.667*	7.607	4.800	.037
	客体	435.133	403.000	32.133***	6.851	22.000	.000

表 5-3 中呈现的是不同被试组在基于空间和基于客体的实验条件下，对于出现在线索化位置的靶刺激反应时间和非线索化位置靶刺激反应时间的对比，从中可以看出：LD 被试在基于空间线索化条件下，对于线索化位置靶刺激的反应时显著大于非线索化位置反应时（P = .007 < .01），返回抑制效应显著，而在基于客体线索化条件下，则没有表现出明显的返回抑制（P = .750 > .05）。对于普通初中生而言，在基于空间线索化条件下和基于客体线索化条件下，线索化靶刺激反应时间均显著大于非线索位置靶刺激反应时间（P = .037 < .05，P = .000 < .001），表现出明显的返回抑制效应，且对于基于空间线索化条件下返回抑制效应更为显著（P = .000 < .001）。

四、讨论

1. 存在相对独立的基于客体的返回抑制

Tipper 等人研究发现，当线索化外周刺激位置发生变化时，靶刺激出现在新位置上，仍然可以观察到返回抑制，证明了基于客体的返回抑制的存在。本研究结果与前人研究结果具有一致性，在正常儿童组观察到明显的基于客体的返回抑制。而学习障碍组仅表现出基于空间的返回抑制，未曾表现出基于客体的返回抑制。

值得一提的是，实验三在前人实验范式的基础上，对于刺激材料进行了修改，试图分离基于空间和基于客体的返回抑制。实验三研究结果表明，在学习障碍儿童身上基于空间和基于客体的返回抑制作业任务成绩出现了实验性分离，间接证明了两者的相对独立性，但是两者并非相互排斥，普通儿童既出现了基于空间的返回抑制，同时出现了基于客体的返回抑制，说明两者可以同时发挥作用。人类的视觉系统在加工空间信息和客体信息方面，仍然存在千丝万缕的联系，关于二者关系，有待进一步深入的研究。

2. 学习障碍儿童客体信息编码存在困难

通过对比学习障碍儿童和普通儿童基于空间的返回抑制和基于客体的返回抑制任务表现，可以得知学习障碍儿童基于客体的返回抑制存在缺陷。尽管目前前人研究中未曾讨论学习障碍儿童基于客体的返回抑制缺陷问题，但是 Tipper 等人在以老年人为被试的研究中，曾得出类似结论（Tipper，1998；McAuliffe et al，2001）。

通过本研究结果可知，学习障碍儿童在基于空间的返回抑制任务中表现与普通儿童没有差异，说明其基于空间的返回抑制正常，基于空间的返回抑制和基于客体的返回抑制具有其独立性。鉴于基于客体的返回抑制是在物体发生移动后再次进行加工时表现出的一种抑制现象，根据 Fuentes 等提出的抑制标签理论，也可以认为是抑制标签滞留而导致的基于客体返回抑制任务表现不佳。在客体发生移动时，学习障碍儿童的抑制标签可能仍留在原来位置，因此，基于空间的返回抑制任务表现和普通儿童没有差异，而基于客体的返回抑制明显不足。

此外，实验三引言中曾经提到脑科学研究结果显示，对于物体的空间位置及运动方向的信息由丘脑核团负责加工，而客体本身的细节信息需要大脑皮层的顶叶、额叶进行加工，由此可以推断，学习障碍儿童在基于客体的返回抑制任务中表现不佳可能是由于其大脑皮层功能受损导致。

本研究结果进一步证明了学习障碍儿童在视觉搜索方面存在缺陷这一观点。相关研究结果表明，和普通儿童相比，学习障碍儿童在视觉搜索范围、速度以及建立信息的相关性等方面的能力均表现出不同程度的缺陷（隋雪 等，2006）。基于客体的搜索具有更强的适应性价值，在生活中，人们经常带着某种预期去寻找一个特定物体，如在书架上找一本名为《心理学》的教材，因此人们进行视觉搜索过程中，更习惯基于物体进行搜索而非基于空间，抑制对视野中已经出现过的客体的视觉加工，是有效节约认知资源的途径，而学习障碍儿童这方面能力的缺失将会成为其进行有效视觉信息加工的障碍。

五、结论

实验三采用了动态范式，讨论返回抑制是基于客体还是基于空间，即返回抑制产生的参照系统这一问题，得到结论如下：

——普通儿童和学习障碍儿童都表现出基于空间的返回抑制。

——和普通儿童相比，学习障碍儿童基于客体的返回抑制存在缺陷，而基于空间的返回抑制正常。

——基于空间和基于客体的返回抑制相对独立。

第二节　返回抑制作用过程：知觉抑制？反应抑制？

一、引言

“返回抑制”的概念提出后，关于抑制发挥作用的过程，即抑制发生在知觉阶段还是反应阶段的问题一直备受关注。

一种观点被称为“知觉抑制说”，持有该观点的研究者认为：返回抑制发生在知觉加工阶段，对于线索化位置的知觉敏感性降低或二次知觉加工受阻是导致返回抑制出现的主要原因。Posner 等人最初便采用知觉抑制的观点来解释返回抑制的成因，而这种解释也获得了学术界普遍接纳。同时，相当一部分认知神经科学研究成果支持知觉抑制假说，例如，McDonald、Ward 和 Kiehl（1999）研究发现返回抑制与特定 ERP 成分 P1 相关，P1 是知觉抑制而非反应抑制的脑电波。

另一种与之相反的观点被称为“反应抑制说”，该观点认为：返回抑制并不影响线索化位置的知觉加工，而是由于对于线索化位置不进行行为反应，相当于在该位置打上了“抑制标签”，如果靶刺激出现在该位置，类似物理学中的惯性作用，对于该位置的反应速度受到影响（Hockey et al, 1985）。为了验证这种观点，研究者设计了靶子－靶子范式（Terry et al, 1996），前一次反应的靶刺激可能成为后一次反应的线索，以此消除因避免对线索进行反应而产生的抑制效应。结果发现，当第 N+1 次靶刺激出现在第 N 次靶刺激的位置时，返回抑制现象消失，由此可以认为返回抑制是发生在反应过程之中，当反应抑制消除后，返回抑制现象随之消失。但 Abrams 和 Pratt（1999）分析认为，Terry 等人的研究中没有分离“启动效应”，前一次反应可能成为后一次反应的启动项，返回抑制本身仍然存在，只是被启动效应抵消，因而反应时数据中没有体现。于是，Abrams 和 Pratt 改进了 Terry 等研究所用的程序，使得第 N 次呈现的靶刺激和第 N+1 次呈现的靶刺激内容不同，结果发现了返回抑制现象的存在，并不存在所谓“反应抑制”。

与之矛盾的是，“知觉优先性”的研究结果间接支持了反应抑制的观点。Maylor（1985）等人率先采用时序判断法研究返回抑制中的知觉优先问题，其操作过程是在线索化和非线索化位置同时呈现两个信号，采用迫选任务要求被试判断哪个信号先出现，若被试判断线索化位置信号先出现则存在知觉优先效应，反之知觉滞后。另有 Schmidt（1996）采用线段似动法研究返回抑制过程中是否存在知觉优先，实验中向被试呈现一条线段，两端分别位于线索化位置和非线索化位置，要求被试报告线段的运动方向。若被试报告线段从线索化位置向非线索化位置运动，则存在线索化位置知觉优先，返回抑制发生在反应阶段，反之则说明在知觉过程中即存在抑制成分。以上研究结果支持

"知觉优先性"的存在。国内学者仅李晓轩、王甦（1999）采用时序判断法对于该问题进行了探讨，其结果同样支持知觉优先效应的存在。当前关于"知觉优先"的研究结论认为，知觉优先和反应抑制是共存的，处于认知加工过程的不同阶段，但是两者的效应叠加，则会产生"提示"或"抑制"这两种相互分离的实验现象。

综上所述，关于返回抑制的发生过程这一问题的研究目前并没有得出一致性结论，已有研究中或独立讨论知觉抑制，或独立讨论反应抑制，并没有一项研究有效分离知觉抑制和反应抑制并系统化对比两者的关系。因此，本实验从知觉抑制和反应抑制的假设出发，采用线索－靶刺激一致/不一致两种条件分离知觉抑制效应和反应抑制效应，从而系统讨论返回抑制的产生过程。根据知觉抑制观点，可以得到推论：无论线索与靶刺激是否形式相同，被试对于线索化位置出现的靶刺激反应时间保持稳定，即线索化形式不影响被试对于该位置靶刺激的反应时间；但是根据反应抑制观点，当线索与靶刺激形式一致时，被试对于靶刺激反应产生的抑制效应大于线索与靶刺激形式不一致时产生的抑制效应，即前一种情况下被试的反应时间大于后一种情况下被试的反应时间。

此外，本研究中除讨论正常儿童的知觉抑制、反应抑制效应之外，还将以学习障碍儿童为被试，研究其在注意定向过程中知觉、反应抑制与正常儿童对比是否存在差异，希望从中获知学习障碍儿童的注意困难究竟发生在哪一个阶段，为下一步的矫治和训练提供可靠的理论支持。

二、研究方法

1. 被试

实验组：LD 儿童 16 人，平均年龄 14.2 岁，男生 9 人，女生 7 人。

对照组：普通儿童 16 人，平均年龄 13.9 岁，男生 8 人，女生 8 人。

被试筛选标准同实验一。

2. 仪器

同实验一。

3. 材料

实验进行中主界面背景为灰色 RGB（150，150，150），屏幕中央呈现 1 cm×1 cm "+"作为中央注视点。注视点左右两侧对称分布 2 个 2 cm×2 cm 方框，边框黑色 RGB（0，0，0），线条粗细 1.5 磅，无填充。方框中心与注视点间距 6 cm，在实验进行过程中，方框中出现白色 1.5 cm×1.5 cm"★"进行线索化，靶刺激有两种形式："★"或"■"，白色 1.5 cm×1.5 cm。

4. 实验设计

研究采用 2×2×2 三因素混合实验设计：

因变量：靶刺激的反应时间。

自变量 a：被试组（a1 = 学习障碍儿童、a2 = 正常儿童），被试间变量。

自变量 b：线索－靶刺激一致性，简称"一致性"（b1 = 线索与靶刺激内容一致、b2 = 线索与靶刺激内容不一致），被试内变量。

自变量 c：靶刺激位置（c1 = 线索化位置、c2 = 非线索化位置），被试内变量。

5. 实验过程

被试坐在电脑前，眼睛距电脑屏幕约 60 cm，根据事先抽签结果，每组中一半被试先完成线索 - 靶刺激一致性任务，而另一半被试先完成线索 - 靶刺激不一致性任务。

单一试次流程如图 5-3 所示：

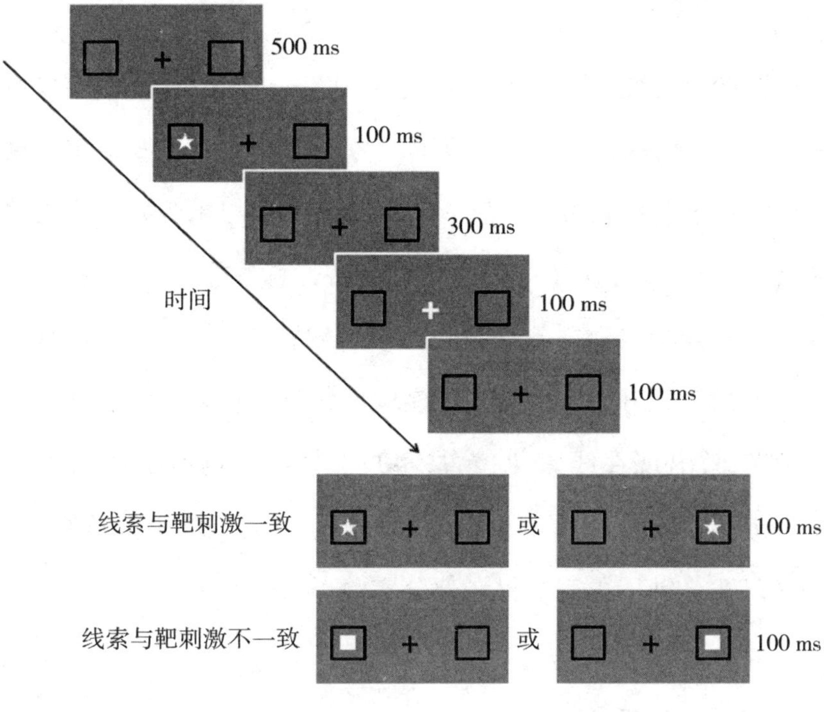

图 5-3　返回抑制作用过程实验流程

程序开始前电脑呈现灰屏，按任意键进入程序：

（1）呈现主屏幕500 ms。

（2）随机选定一个外周方框，其中出现“★”100 ms，进行线索化。

（3）回到主屏幕300 ms。

（4）中央线索化100 ms。

（5）回到主屏幕100 ms。

（6）呈现靶刺激100 ms。

（7）灰屏，被试需要尽快按“空格”键对靶刺激进行反应，被试反应或2000 ms后自动进入下一个试次。程序自动记录被试对靶刺激的反应时间。

实验开始前向被试说明任务要求，明确告知被试线索和靶刺激形式，特别是在线索－靶刺激一致性情况下，为避免被试对于线索作出错误反应，强调中央线索化后再进行反应，而此前线索与靶刺激呈现无关，尽可能忽略其影响。被试明确实验要求后，按任意键进入实验程序。

线索－靶刺激一致、不一致条件下各安排20次练习，确保被试清楚实验内容后正式开始实验。正式实验中每种条件包含100试次，其中40试次靶刺激出现在线索化位置，40试次靶刺激不出现在线索化位置，20试次靶刺激不出现。试次顺序随机，完成一种实验条件下的100试次后休息5分钟，再完成另一部分实验。

三、结果与分析

采用SPSS16.0对数据进行统计分析。数据预处理原则与实验一相同。学习障碍组最终14名被试数据有效，正常组15名被试数据有效。

学习障碍组被试和普通组被试在线索 - 靶刺激一致、不一致两种不同的实验条件下，对于出现在线索化位置和非线索化位置的靶刺激的反应时的平均数和标准差，即两组被试在各种实验条件下反应时的描述性统计结果如表 5-4 所示：

表 5-4　各种实验条件下被试反应时间平均数（标准差）　　单位：ms

一致性	LD（N = 14）		Normal（N = 15）	
	RTcued	RTuncued	RTcued	RTuncued
一致	395. 429（40. 659）	411. 943（18. 697）	398. 467（36. 447）	372. 600（24. 183）
不一致	422. 343（21. 283）	415. 171（39. 277）	364. 133（24. 807）	368. 733（34. 393）

实验四中涉及 3 个自变量，因此采用 2 × 2 × 2 三因素混合设计方差分析统计数据，结果显示：被试间变量主效应显著：F（1，27） = 27. 171，P = 0. 000 < . 001，普通被试反应时显著小于 LD 被试。被试内变量：线索化条件、靶刺激位置的一元方差分析结果见表 5-5：

表 5-5　被试内变量主效应及自变量交互作用检验结果

差异来源	平方和	自由度	均方	F	Sig.
一致性	117. 523	1	117. 523	. 076	. 785
一致性 × 被试	8455. 661	1	8455. 661	5. 453	. 027
靶刺激位置	257. 390	1	257. 390	. 460	. 503
靶刺激位置 × 被试	1696. 190	1	1696. 190	3. 030	. 093
一致性 × 靶刺激位置	83. 242	1	83. 242	. 222	. 641
一致性 × 靶刺激位置 × 被试	5308. 801	1	5308. 801	14. 154	. 001

表5-5 中结果显示，线索 - 靶刺激一致性主效应不显著，$P = .785 > .05$，靶刺激位置主效应不显著，$P = .503 > .05$，3 个自变量之间交互效应显著：$P = .001 < .01$。图 5-4 中描述了 3 个自变量间的交互作用。

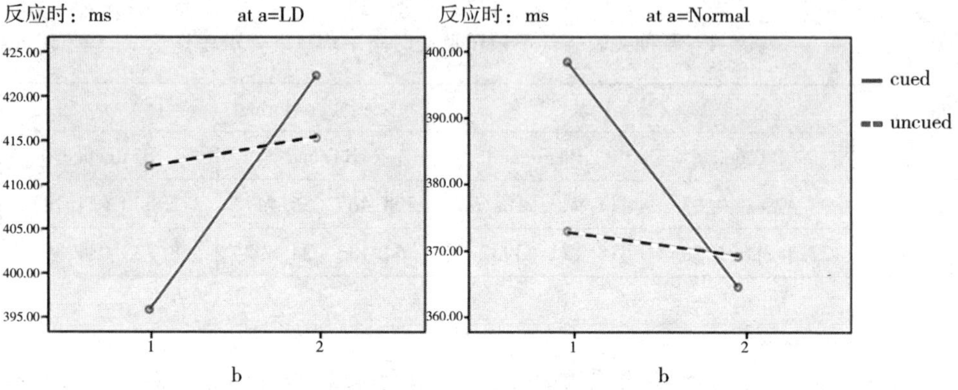

图 5-4　自变量交互作用效果图

图5-4 中呈现了学习障碍组被试和普通组被试在线索 - 靶刺激一致、不一致的情况下，对于线索化位置靶刺激和非线索化位置靶刺激反应时的差异比较。图中实、虚两条线之间的距离反映了返回抑制效应量（返回抑制效应量 = RTcued - RTuncued），在自变量 b 的相同水平上，实线在上，虚线在下（RTcued > RTuncued）说明出现返回抑制效应，反之说明返回抑制效应反转为提示效应。从图中可以明显看出，当线索 - 靶刺激内容一致时（b1），LD 被试对出现在线索位置的靶刺激的反应时间明显小于非线索位置靶刺激的反应时间，而普通被试在该条件下的表现刚好相反，对于线索化位置的反应时间大于非线索化

位置。当线索－靶刺激内容不一致时（b2），LD 被试对于线索化位置靶刺激反应时间大于非线索化位置，而普通组表现出相反的效应。由于3个自变量间存在显著的交互作用，进一步进行简单简单效应检验，结果如表5-6所示。

表5-6　自变量间交互作用简单简单效应检验及多重比较结果

被试组	一致性	RTcued 均值	RTuncued 均值	均差 RTcued－RTuncued	Std. Error	F	Sig. [a]
LD	一致	395.429	411.943	－16.514	10.944	2.277	.143
(N＝14)	不一致	422.343	415.171	7.171	3.712	3.733	.064
Normal	一致	398.467	372.600	25.867 *	10.573	5.985	.021
(N＝15)	不一致	364.133	368.733	－4.600	3.586	1.646	.210

表5-6中显示了两组被试在自变量b的不同水平上，对于线索化位置靶刺激反应时和非线索位置靶刺激反应时的比较结果：对于LD儿童而言，当线索－靶刺激形式一致时，出现了一定的提示效应，但效应量不显著，$P=.143>.05$；当线索－靶刺激不一致时，返回抑制效应不显著，$P=.064>.05$。对于普通儿童而言，当线索－靶刺激形式一致时，返回抑制效应显著，$P=.021<.05$；当线索－靶刺激不一致时，表现出一定程度的提示，但效应量显著，$P=.210>.05$。

研究假设认为：如果知觉抑制说成立，那么线索－靶刺激一致与否将不影响出现在靶刺激位置的线索反应时间；如果反应抑制说成立，则在一致性条件下，出现在线索位置的靶刺激反应时间大于不一致条件下的反应时间。简单效应检验结果显示，来自普通儿童的数据分析结果支持反应抑制说。

四、讨论

1. 返回抑制主要表现为反应抑制而非知觉抑制

在结果分析部分，通过对比靶刺激出现在线索化位置时，线索－靶刺激一致和不一致条件下反应时差异可以发现，普通儿童不一致性靶刺激反应速度明显快于对于一致性刺激反应速度，说明当靶刺激与线索形式一致时，对于线索的抑制反应存在滞留，影响继而出现的靶刺激的反应速度；而当靶刺激形式和线索不一致时，对线索的反应抑制得到部分解除，因此反应速度变快，这一研究结果符合反应抑制假设，不支持知觉抑制假设。本研究结果与前人关于“知觉优先性”的研究结论具有一致性，Maylor（1985）、Schimidt（1996）、李晓轩、王甦（1999）在其研究中均发现了“知觉优先”现象，即对于线索化位置的知觉加工并未出现抑制，相反存在优先加工的现象，并得出抑制发生在反应阶段的推论。本研究从另一个角度证实了前人推论。但遗憾的是本研究未能就知觉优先和反应抑制之间的关系问题进入深入探索，相关问题有待后续研究。

Coward（2004）、Poliakoff（2006）在研究中，采用靶子－靶子范式和传统的线索－靶子范式进行匹配，结果表明，视觉的返回抑制中包含了反应抑制的成分，本研究结果与之一致。

2. 学习障碍儿童反应抑制存在缺陷

通过对比学习障碍儿童和普通儿童在返回抑制任务中的表现可以

发现，学习障碍儿童对靶刺激的平均反应时显著大于普通儿童，说明学习障碍儿童的视觉返回抑制功能存在缺陷，但是并不能够确定缺陷存在于认知加工的哪个阶段。本研究中通过分离知觉抑制和反应抑制效果可以发现，学习障碍儿童的返回抑制缺陷主要表现在反应抑制阶段。

在线索－靶刺激一致性条件下，普通儿童表现出较强的返回抑制，见图5-4，而学习障碍儿童却表现出相反的提示效应，Pratt（2001）等人曾用重复启动（repetition priming）解释这种提示现象的存在，即当线索与靶刺激相同时，对线索的加工产生了作用于靶刺激加工的启动效应。在学习障碍儿童身上观察到的重复启动现象，可以解释为学习障碍儿童在知觉加工方面消耗了更多的注意资源，进而在反应抑制中表现出明显不足，学习障碍儿童的注意困难并非表现在知觉加工方面而是反应抑制方面。因此，对学习障碍儿童进行矫治训练的时候，应更多关注其反应抑制方面的困难并设置针对性练习。

五、结论

通过对比学习障碍儿童、普通儿童在线索－靶刺激一致、不一致两种条件下的返回抑制效果，可以得出如下结论：

对于普通儿童而言，返回抑制主要表现为反应抑制。

和普通儿童相比，学习障碍儿童存在返回抑制缺陷，主要表现为对于无关刺激反应抑制困难。

第三节 反应偏向：非线索化位置的易化效应

一、引言

在返回抑制现象提出之初，研究者将该现象解释为由于存在对于出现在线索化位置靶刺激的抑制效应而导致的一种视觉搜索现象，在给出这一解释的同时，并未考虑对侧的非线索位置是否存在易化的问题，而是将对于非线索化靶刺激的反应时间看作基线指标。Tassinari 等人（1989）首先提出了非线索化位置存在易化效应的观点，研究者在实验中设计了中性线索条件并将这种条件下靶刺激的反应时间作为基线指标，发现个体存在对非线索化靶刺激的反应时间小于基线值，证明了非线索化位置易化效应的存在，即返回抑制形成的原因不仅仅是因为对于线索化位置靶刺激反应迟缓，同时也存在对非线索化位置靶刺激反应的速度加快的作用因素。Rafal（1989）曾提出，返回抑制包含了对于线索位置靶刺激反应的抑制和对非线索位置靶刺激反应的易化两个并行作用的过程，易化是个体心理期望的结果。国内学者李晓轩、王甦（1998）通过实验研究证明了多个非线索化位置易化现象的存在，且在多个非线索化位置中，被试对于线索化位置对侧的非线索位置反应最为敏感，表现出明显的“对侧优势”。

Pratt 等研究者提出“注意动量说”，解释非线索化位置易化效应的原因。该理论认为，注意的运动类似于客观世界中物体的运动，遵循惯性定律，当注意从线索化位置离开，转移向中央线索位置时，已经形成了背离线索位置的运动方向，此时注意向对侧的非线索位置运动更加容易。因此，当靶刺激出现在非线索位置时反应更快，存在非线索化位置的易化；而当靶刺激出现在线索化位置时，注意要朝反方向运动，首先要克服原有惯性的影响，所以在到达线索位置靶刺激的过程中消耗更长的时间（Pratt et al，1999）。注意动量说似乎合理统一了返回抑制现象中线索位置抑制和非线索位置易化两个相互独立的过程，但也有研究者对此提出质疑。

根据注意动量理论可以推知，如果存在多个外周位置，靶刺激出现在与线索、中央注视点不在同一直线上的非线索化位置，那么此时易化效应减小甚至消除，至少对于该位置上靶刺激的反应时应大于其出现在线索对侧位置时的反应时。Mchado 和 Rafal（2004）研究中设计了四个外周位置，对比靶刺激出现在线索位置和各个外周非线索位置时反应时间的差异，以此考证上述推论，结果发现除线索化位置外，靶刺激出现在其他三个非线索化位置时，反应时间不存在显著差异。通过类似的研究，Summer（2006）也提出，对于线索化位置的抑制是返回抑制显现的关键，非线索化位置的易化效应并不明显。张艳青（2009）以情绪图片作为中央线索化材料，研究抑制和易化作用关系，结果并未观察到非线索位置的易化效应。

非线索位置易化效应的研究对于了解生活中的视觉搜索过程具有重要意义。通常人们在环境中寻找目标时，目标可能出现在多个位置，如在熙熙攘攘的人群中找到自己的朋友。当靶刺激可能出现在多个线索化位置时，只有保持对多个位置同样的高度敏感，才能保证快速、准确检出靶刺激。

鉴于过往研究中，是否存在非线索位置的易化效应仍然是一个有争议的问题，研究者通过对比线索位置、非线索位置以及多个非线索位置间靶刺激的反应时，或证明、或推翻非线索位置抑制效应的存在。那么是否可以采用更直接的方法来重新核定该问题呢？本研究尝试采用主观判断法，改编标准的返回抑制研究程序，通过比较被试对于线索位置和非线索位置反应偏向的差异来探讨非线索位置是否存在易化现象的问题。在新改编的程序中，外周线索化和中央线索化完成后，不出现靶刺激，而要求被试直接通过鼠标选择其认为靶刺激最可能出现的位置：如果被试对于某个位置的选择概率高于随机水平，说明被试对这个位置存在反应偏向；如果靶刺激出现在该位置，则会观察到易化现象。

此外，通过对学习障碍儿童返回抑制能力的研究已经可以得出结论，和普通儿童相比，学习障碍儿童在视觉注意定向中存在缺陷。那么，这种缺陷是否也体现在其反应偏好中呢？和对照组相比，学习障碍组被试在反应偏好上是否会表现出差异呢？实验五将就以上问题进行探讨。

二、研究方法

1. 被试

实验组：LD 儿童 15 人，平均年龄 13.8 岁，男生 9 人，女生 6 人。

对照组：普通儿童 15 人，平均年龄 14.1 岁，男生 7 人，女生 8 人。

被试筛选标准同实验一。

所有被试未参加过类似研究。

2. 仪器

同实验一。

3. 材料

实验进行中主界面背景为灰色 RGB（150，150，150），屏幕中央呈现 1 cm×1 cm“+”作为中央注视点。以中央注视点为圆心，6 cm 半径的假想圆上等距分布 8 个 2 cm×2 cm 方框，边框黑色 RGB（0，0，0），线条粗细 1.5 磅，无填充。方框中心与注视点间距 6 cm，在实验进行过程中，通过加亮方式进行线索化，即边框或中央注视点变为白色 RGB（255，255，255）。研究中不出现靶刺激。

4. 实验设计

本研究为 2×5 两因素混合实验设计。

因变量：被试对于靶刺激出现在各个外周位置可能性的预测概率。

某一位置的预测概率 = 预测靶刺激可能出现在该位置的次数 ÷ 总预测次数。

自变量 a：被试组（a1 = 学习障碍儿童、a2 = 正常儿童），被试间变量。

自变量 b：靶刺激可能出现的某个外周位置与线索位置之间的距离。

b1 = 靶刺激出现在线索化位置，距离为“0”。

b2 = 靶刺激出现位置与线索化位置相邻，距离为“1”。

b3 = 靶刺激出现位置与线索化位置间隔 1 个方框，距离为“2”。

b4 = 靶刺激出现位置与线索化位置间隔 2 个方框，距离为“3”。

b5 = 靶刺激出现在线索化位置对侧，距离为“4”。

自变量 b 为被试内变量。

5. 实验过程

被试坐在电脑前，眼睛距电脑屏幕约 60 cm。

实验过程的前半部分仍然采用返回抑制研究的基本刺激材料，但当中央线索化之后不再出现靶刺激，而是要求被试通过点鼠标的方式预估靶刺激出现的位置。单次流程如图 5-5 所示：

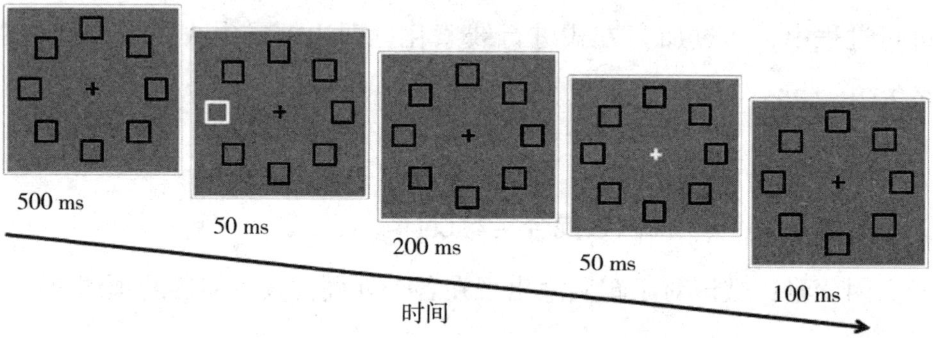

图 5-5 认知监控对返回抑制影响实验流程

实验开始前屏幕呈现灰色，按任意键进入实验程序：

（1）呈现灰色背景 500 ms。

（2）呈现主屏幕 500 ms。

（3）随机选择一个外周位置进行线索化 50 ms。

（4）呈现主屏幕200 ms。

（5）中央线索化50 ms。

（6）呈现主屏幕，此时屏幕中心出现箭头符号，要求被试用鼠标移动箭头点击其预测可能出现靶刺激的位置。每个试次中，只能选择一个认为最可能呈现靶刺激的位置。

被试点击鼠标选择后自动进入下一个试次，程序为迫选设置，被试必须点击鼠标选择才可继续运行。

实验开始之前，主试告知被试他要完成的是一项测量超感知（未卜先知）能力测试，在点击鼠标进行选择前，程序已经自动选择了一个呈现靶刺激的位置，被试需要对这个位置进行预测，此前呈现的线索和程序的选择结果没有任何关系，所以被试只需要凭直觉判断靶刺激会出现在哪个位置，强调被试在判断过程中，应尽可能忽略线索影响。而在整个实验过程中，靶刺激并不真正呈现，主试承诺被试在实验完成后，会解释实验结果。

在正式实验开始前，被试进行20次练习，确保已经了解实验内容和操作要求，稍事休息后开始正式实验。

正式实验包含200个试次，每个位置进行25次线索化，每次线索化位置由程序随机选择。待被试完成所有试次后，主试说明本实验真正的目的。

三、结果与分析

采用SPSS16.0分析数据结果。

学习障碍儿童与普通儿童对于靶刺激可能出现位置的预测情况如图 5-6 所示：

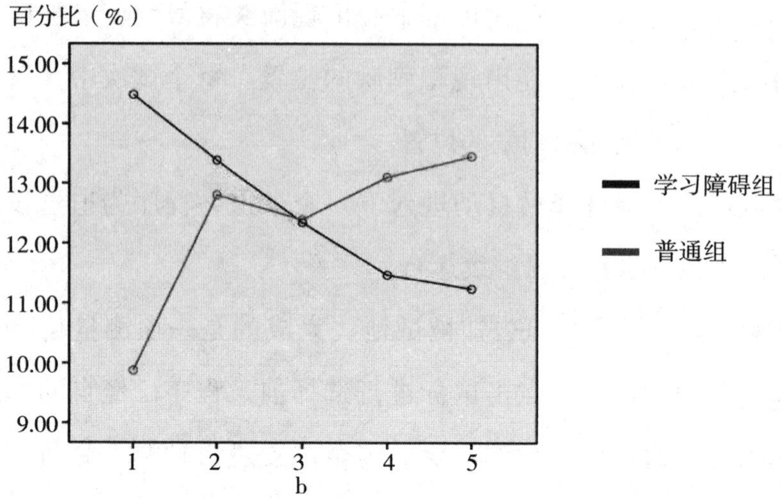

图 5-6　被试对靶刺激出现在各个位置预测概率均值分布图

在图 5-6 中，每个方框中的数字代表了被试预测靶刺激可能出现在当前方框中的平均概率。各个方框与线索化位置之间的距离为自变量 b，根据此前界定，自变量 b 共包含 5 种水平，其中 b2、b3 和 b4 水平上各有两个相对称的位置，上图中显示的数字为两个对称位置预测概率均数相加之和再取均值的结果。

本研究为 2×5 两因素混合实验设计，方差分析结果表明，被试类型（被试间变量）主效应不显著，$F(1, 28) = .481$，$P = 0.494 > .05$；方差齐性检验结果表明研究数据不符合方差齐性要求（$P = .002 < .05$），因此对自变量 b 的主效应和两个自变量间交互效应的一元方差分析结果采用“Greenhouse－Geisser”调整值，结果如表 5-7 所示：

表 5-7 被试内变量主效应及自变量间交换效应方差分析结果

变异来源	平方和	自由度	均方	F	Sig.
b	15.947	2.513	6.344	1.819	.160
b×a	270.877	2.513	107.791	30.905	.000

表 5-7 中内容说明：靶刺激可能出现位置与线索化位置关系主效应不显著（$P=.160>.05$），自变量之间交互作用显著（$P=.000<.001$），结合图 5-7 中内容可以说明学习障碍被试在预测靶刺激可能出现位置时，仍然不能摆脱此前呈现的线索的影响，认为靶刺激出现在线索化位置的可能性最大，而离线索化位置最远的“相反位置”出现靶刺激的可能性最小；普通初中生组在预测靶刺激可能出现位置时按照主试的引导，忽视了呈现线索的影响，并且表现出对非线索化位置的偏好，认为靶刺激出现在“非线索位置”的可能性远大于“线索化位置”。学习障碍儿童和普通儿童对于靶刺激出现在各个位置可能性的预测表现情况如图 5-7 所示。

图 5-7 内容显示，学习障碍组被试对于线索化位置存在明显的反应偏好，并且以该位置为中心，反应偏好在各个外周位置上表现出递减变化的趋势。普通儿童组被试对于非线索位置存在明显反应偏好，多个非线索位置间的反应偏好差异不明显，但是与线索化位置差异明显。

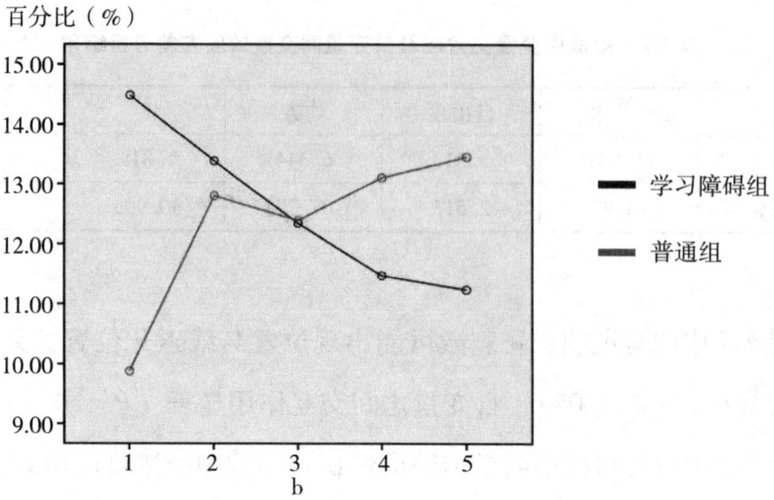

图 5-7 两组被试群体对于靶刺激出现在各个位置可能性预测概率

由于两个自变量之间存在显著的交互作用，故进一步进行了简单效应检验，结果如表 5-8 所示：

表 5-8 简单效应检验及多重比较结果 P：预测概率%

b	P（LD）	P（Nor）	均差	Std. Error	F	Sig.
1	14. 483	9. 377	4. 607***	. 742	38. 311	. 000
2	13. 385	12. 806	. 579	. 618	. 879	. 365
3	12. 350	12. 396	-. 046	. 512	. 008	. 929
4	11. 476	13. 107	-1. 631**	. 458	12. 680	. 001
5	11. 238	13. 954	-2. 216***	. 678	10. 686	. 003

表 5-8 中对比了在自变量 b 的不同水平上，学习障碍组和普通组预测概率的差异，从结果可以看出，对于线索化位置（b1）两组被试的

预测概率存在极其显著的差异，说明两组被试对于靶刺激出现在线索位置可能性的判断存在明显分歧：学习障碍被试认为靶刺激出现在线索化位置可能性很大（14.483%），而普通被试则认为这种可能性比较低，只有9.377%。此外，对于对侧位置（b5）两组被试的预测概率也存在极其显著差异，普通被试认为靶刺激出现在b5位置的可能性明显高于学习障碍组。这一结果可以说明，学习障碍组被试对于靶刺激出现位置的预测受线索影响非常明显，而普通被试则表现出相反的倾向，摆脱了线索的影响，表现出对对侧位置的偏好。

四、讨论

1. 普通儿童的认知监控功能影响返回抑制

通过本研究可知，对于普通儿童来说，对于非线索化位置存在积极偏好，可以认为是非线索位置易化效应存在的证据。

被试判断线索化位置出现靶刺激的可能性显著低于随机概率，而相反位置出现靶刺激的概率显著高于随机水平。在返回抑制任务中，之所以被试对于线索化位置出现的靶刺激反应时间较长，可能是由于主观上被试认为这里出现靶刺激的可能性很小，因此将注意资源更多地分配给其他位置，导致当刺激出现在这个位置时，不能够迅速完成觉察。这是一种敏感性降低的表现（Handy et al，1999；Posner et al，1984），因而可以将返回抑制现象看作是注意资源分配不均衡的结果。李晓轩、王甦（1998）通过对比IOR任务中中性线索化条件和非线索化条件下被试对于靶刺激反应时间的差异，证明了在多个非线索化位置易化效应的独立存在，并且提出非线索化位置易化效应的存在是由于主观偏向的作用。而本研究结果可以看作是对这一推论的直接支持。

尽管 Pratt（1999）提出的“注意动量理论”也可以解释返回抑制中的易化现象，该理论认为当外周线索化结束后中央线索化相继出现，导致了注意朝着某一个方向运动。这时，如果靶刺激出现位置在注意运动的轨迹上，那么识别速度较快；相反，如果靶刺激出现在注意运动方向相反的位置上即线索化位置，那么类似于物理学中的惯性原理，注意需要更多时间完成转向并指向靶刺激所在位置，因此靶刺激的识别速度较慢。但该理论中，注意的运动方向完全由客观刺激物决定，注意的运动方向和线索化位置、中央注视点处于同一直线上，无法解释在多个非线索化位置同时存在的易化效应。从本研究结果出发，可以认为多个非线索化位置易化作用的存在是主观偏向的作用结果，注意运动并非是完全自动化的过程，受到主观偏向的影响。需要说明的是，证明反应偏向的存在并非对注意动量说的直接否定，而是该理论的有机补充，可以结合两者共同解释易化现象。

另一方面，返回抑制的研究中发现，当 SOA 较短时，在线索化位置同样可以观察到易化现象。那么，联系本研究结果，如何解释线索化位置发生的易化现象呢？Sillito、Jones、Gerstein、West（1994）从认知神经科学的角度研究在产生返回抑制的过程中，大脑皮层的工作过程，结果发现，当 SOA 较短时，下丘脑内侧膝状体和视觉皮层细胞被激活，而负责计划执行功能的额叶部分产生激活需要更长的时间。Vivas、Humphreys、Fuentes（2006）在以脑损伤病人为被试的研究中同样也发现，返回抑制的产生与额叶皮层的活动有关系。由此可见，返回抑制的产生的确与反应偏向有关，但激活额叶皮层发挥其计划执行功能需要一定时间，因此在SOA较短的条件下在线索化位置出现易化现象。易化和抑制是两个相对独立的工作过程，返回抑制这一称谓反映了两个独立的工作过程的融合。

2. 学习障碍儿童反应偏向分析

本研究通过对比普通儿童和学习障碍儿童对各个位置靶刺激出现可能性判断的差异可知，学习障碍儿童表现出的反应偏向和控制组差异明显：学习障碍组儿童对线索化位置表现出明显偏好，偏好水平以线索化位置为中心，向外周递减变化。结合此前研究结果，可以推论，学习障碍儿童在非线索化位置没有表现出明显倾向的易化效应。

在前人关于针对非线索化位置易化效应的讨论中曾提出，非线索化位置的易化和线索化位置的抑制一样，具有很强的适应性意义，非线索化位置是新异性的代表，易化现象体现出视觉搜索过程中对新异位置的偏好（李晓轩 等，1998）。本研究结果显示，学习障碍组被试没有表现出这种偏好，相反，其选择受线索提示影响明显。尽管在任务指导语中强调，线索位置和靶刺激位置无关，判断靶刺激可能呈现位置时尽量忽略线索作用，但是这对于学习障碍儿童来说似乎存在一定困难，他们难以忽略无关刺激带来的影响，仍然将注意集中在线索化位置，表现出对线索化位置的明显偏好。导致这一现象的原因可能有三种：

其一，学习困难被试决策困难。在实验五的任务中，被试需任意猜测靶刺激可能出现的位置。在存在8个备选位置的情况下，学习困难组被试决策困难，在冲突中选择最为简单的决策方式：依赖线索，因此表现出对线索化位置的积极偏好。

其二，学习困难被试受定式困扰。学习困难组被试之所以猜测线索化位置出现靶刺激的可能性更大，可能与其存在的固定思维定式有关，即线索和靶刺激之间存在一定联系。尽管主试有意强调两者的独立性，但学习困难组被试仍难以克服自身定式，认知活动表现出灵活性、适应性不足的特点。

其三，学习困难者认知监控效能不足。所谓“认知监控”，意指认知过程中，个体主动进行计划、监测、评价、调整与修正行为，以期达到目标的过程。Das在PASS智力认知模型中指出：注意是一个非常重要的心理过程，个体通过注意过程来选择性地关注某些刺激而忽略其他刺激；注意是认知活动的基础，受到认知监控的影响。抑制过程作为注意活动的一个方面，亦受到认知监控的调节。实验五中，学习障碍组被试表现出对线索化位置的积极偏好，可能是由于其认知监控在发挥作用时存在失误，因此没能指导个体将注意资源从已搜索过的位置转移至新位置。若这一分析结果成立，则可在后续研究中，将反应偏好作为记录认知监控的客观指标加以考察。

五、结论

实验五要求被试在靶刺激不出现的情况下预判其出现在各外周位置的可能性，探索实验组和对照组被试对于线索化位置和非线索化位置是否存在反应偏好，得到结论如下：

普通儿童对于非线索化位置表现出明显的积极偏好，存在非线索位置易化现象。

学习障碍组被试表现出对于线索化位置的明显偏好。

第三篇

总结与展望

第六章

学习障碍儿童返回抑制特征和特色创新研究总结

第一节　学习障碍儿童返回抑制特征

学习障碍又称为“学习困难”，属于广泛性发育障碍。排除器质性病变和环境、教育、动机因素后，学习障碍个体表现出明显的学习成绩落后。本书通过对比的视角，从“返回抑制”这一注意现象入手，采用五个实验系统性研究了学习障碍儿童在视觉搜索过程中的返回抑制特征、机制问题，得到结果如下：

一、学习障碍儿童返回抑制特征

本书第三章介绍了关于学习障碍儿童返回抑制特征的研究，共包含两个实验。实验一着力于时间特征研究，结果发现，对比于普通儿童，学习障碍儿童在视觉搜索过程中，注意启动潜伏期较长且持续时间短暂；实验二关注学习障碍初中生返回抑制的空间特征，研究结果显示，无论无关刺激是同时出现还是依次出现，普通儿童均在多个空间位置观察到返回抑制，其返回抑制容量大于1，而学习障碍儿童返回抑制的容量为1，仅对于某一个空间位置有效的产生抑制，这说明学习障碍儿童在注意广度和有意注意转移方面表现出能力不足。

二、学习障碍儿童返回抑制机制

本书第四章介绍了关于返回抑制机制问题的研究，其研究目的有二：其一，在返回抑制机制问题尚未得到系统、统一的研究结论的前提下，继续探索这一理论问题。其二，对比普通儿童和学习障碍儿童在实验任务中的表现，分析学习障碍儿童返回抑制机制，进而找出导致其注意缺陷的症结所在。如果说实验一、实验二是对学习障碍儿童注意表现现象的研究，那么后面的三个实验则对于造成这种现象的原因进行分析。第四章共包含了三个实验：实验三是关于返回抑制产生过程中参照系问题的研究；实验四研究了抑制发生在哪个认知加工阶段；实验五则是关于高级心理活动对于抑制过程影响的研究。

通过三个系列实验的研究结果可知：

返回抑制的参照系既有空间信息又有客体信息，但主要是客体信息，视觉搜索过程主要是对客体特征的搜索；但学习障碍儿童对于客体信息把握能力明显不足，习惯单一地使用空间线索，在注意转移的灵活性方面表现出缺陷。

注意的抑制作用主要作用于反应准备阶段，而非知觉加工阶段；

学习障碍儿童的困难在于不能够有效抑制对于无关信息的反应，无关刺激表现出明显的重复启动效应。

在返回抑制存在抑制和易化两种共同作用的成分。普通儿童对于非线索化位置表现出明显的积极偏好，存在非线索位置易化现象。而学习障碍组被试明显偏好线索化位置，对于非线索化位置敏感性偏低，易化效应不明显。

第二节　本研究特色创新

本书通过五个实验对于学习障碍初中生视觉搜索过程中返回抑制特征与机制进行了初步的研究，上述关于研究总结的部分回顾了实证研究目标及从中得出的理论观点，现就其中特色创新之处总结如下：

关于选题。虽然关于返回抑制问题的研究始于1980年前Posner和Cohen对于视觉注意定向问题的研究实验，但在过去的30多年中对于这一问题的研究仍有许多未尽之处。目前国内对于返回抑制问题的研究数量较少，已有相关研究关注普通个体返回抑制某一方面特征，未能实现对该问题系统化的探讨。值得一提的是，以学习障碍初中生为被试，体现了对特殊群体的关注，尽管学术界普遍认为学习障碍者存在注意缺陷，但是关于该问题的实证性研究极其稀少，其注意缺陷的表现形式如何，原因是什么，很难找到有力的实验研究结果说明上述两个问题。返回抑制作为一种和注意活动密切相关的视觉搜索现象，研究学习障碍初中生返回抑制的特征和机制，可以更好地了解这一特殊群体的注意特征和内在机制，并将理论研究成果向实践领域推广。综上，本研究选题较新颖，研究空间广阔。

关于方法。关于返回抑制的研究已有较为成熟的范式，本书中实验一、实验二沿用了前人的研究范式，但在实验三、实验四和实验五中，结合自身研究目的在刺激材料和实验程序方面作出了调整。其中，实验三通过设置两种不同的外周线索及其位置关系的变化，分离了基于客体和基于空间的返回抑制；实验四通过改变线索－靶刺激内容的一致性，从实验设计的逻辑上区分了知觉抑制和反应抑制的差异；实验五改编了实验程序，靶刺激不出现，取而代之的是要求被试预估靶刺激出现的可能位置，用直观的方法证明了在返回抑制成分中，易化效应的存在。

关于结果。在研究结果方面，实验一和实验二得出了学习障碍初中生返回抑制特征，成为研究特殊儿童注意问题的实证性依据。实验三、实验四和实验五结果为进一步明晰返回抑制的机制问题提供了证据，并且通过对比的视角，提出学习障碍儿童存在注意缺陷的原因在于：使用线索单一、对于干扰信息抑制困难以及认知监控不足。以上结果的发现，深化了对于学习障碍者注意缺陷的特点及其形成原因的认知，具有创新性意义。

关于应用。本书内容虽偏向于理论研究，但依照科学发展的规律，任何实践工作在开始之前，都需要逻辑严谨的理论假设和实验证据的支持。本研究结果尽管尚且不能直接用于实践领域，但可预期的是，研究中得到的关于学习障碍个体返回抑制特征及机制方面的知识，可用于未来对学习障碍者注意缺陷的诊断与矫治之中，使得诊断具有客观性标准，而矫治更富有针对性。

第七章

研究局限性与前景展望

第一节　返回抑制研究的发展趋势

返回抑制作为非随意注意研究的一种重要方法，目前在认知神经科学研究中仍然在广泛使用，且使用的范围有所拓展。查阅近年来研究可以发现，返回抑制范式不仅用于对视觉搜索过程进行研究，而且在听觉领域和视听联合任务中得到使用。例如，唐晓雨等人（2020）在研究中采用了不同类型的目标刺激（视觉、听觉、视听联合）考察在注意双通道分配的条件下视听返回抑制现象。结果发现，当听觉信号和视觉信号同时呈现时，注意同时分配在视觉、听觉任务中，视觉目标产生了显著的返回抑制效应，而听觉通道的目标刺激并没有发现这一现象。彭姓等研究者于2019年在研究中同样采用了视觉、听觉多种目标刺激，结果发现随SOA时间的增加，视觉返回抑制效应降低，视听觉联合效应显著增强。在不同SOA条件下，视觉返回抑制对视听觉联合作用产生的影响效果不尽相同，感觉通道间信号强度差异假说获得支持。

此外，近几年来，随着眼动测量技术、事件相关电位（ERP）技术的不断成熟，将传统 IOR 范式和生理指标测量结合进行研究，成为该领域新的增长点。

关荐等人（2018）在研究中考察了情绪性图片作为靶刺激时，返回抑制效应是否会出现，同时结合眼动技术，对被试整体的注意反应进行分析。结果发现，情绪信息和实验任务之间关联的紧密程度是决定返回抑制现象是否出现的关键。如果情绪信息和实验任务关系紧密，线索的易化作用明显，反之将表现为返回抑制效应。线索对情绪加工的抑制功能有限，情绪信息的加工是自动化的且处于优势地位。眼动数据支持了情绪图片对注意的捕获假设，结果显示，被试对于负性情绪图片的注视点数量最多，其次是正性情绪图片，而获得注视点最少的是中性图片，三者之间差异显著。

事件相关电位（ERP）技术因为具有时间分辨率高的特点，因此可以作为研究返回抑制时间进程及神经机制的有效方法。早在 20 世纪 90 年代就有研究者进行过这方面的尝试，但得到的结果之间存在矛盾，加之当时事件相关电位技术并不成熟，相关研究受到影响（Eimer，1994；Joseph et al，1998；McDonald et al，1999；Prime et al，2004，2006；Wascher et al，2004）。近 10 年来，随着技术的成熟，更多研究者选择采用事件相关电位技术辅助，对返回抑制的形成原因进行分析。王丽丽等人（2010）研究发现，在 180～220 的时间窗口，线索化比非线索化诱发了一个更为负向的Nd成分，而Nd成分是大脑额叶区激活的标志，说明在线索化条件下，对出现在该位置的靶刺激缺乏有效加工的原因是额叶抑制功能的体现。徐菊等人（2016）在研究中将返回抑制的线索－靶刺激神经范式与事件相关电位测量结合，既对行为指标进行分析，又以生理指标为依据对行为机制进行更深入研究，结果发现返回抑制效应量在大量训练的情况下变小，与此同步的是代表早期知觉加工的成分N1成分波幅降低，N1和Nd250表现出了随IOR量的变化而变化，提示N1和Nd250（至少在当前任务所采用的范式中）可能是标志IOR的有效ERPs指标。王敬欣等人（2013）研究返回抑制过程中情绪面孔加工的优先性，使用了ERPs技术，结果发现，在线索无效的情况下，P1波幅更大，N1波幅更小，正性、负性情绪面孔比中性面孔诱发的N170波幅更大。研究表明，IOR和情绪加工会发生交互作用，情绪信息表现出加工优势效应。

第二节　本研究的不足之处

科学作为推动历史发展的车轮，永不停息转动向前，在回看之时，却永远免不了挂一漏万的遗憾。

本书尽管在研究内容、方法方面进行了一些新的尝试，得到了具有一定价值的研究结果，但由于多方面条件限制，仍存在一定不足，需要后续研究的跟进。

关于被试选择。本研究以学习障碍初中生为主要研究对象，但是由于目前学术界对于学习障碍的诊断标准尚且不能统一，因此只能够采用应用较为广泛的操作性定义，这可能会带来实验被试不能够完全代表研究对象群体的问题，并且小样本研究本身也难以避免抽样偶然性的问题。此外，本研究中所选用的被试并未对其障碍亚型进行分类，在日后进一步研究中，若能在分类亚型的基础上讨论这一问题，可能会得出更为细致的结论。

关于实验设计。尽管为了能够有效实现研究目标，五个实验的设定均在参照前人研究的基础上进行了多次预实验、调整，才确定正式实验程序，但在实际操作中还是出现了一些问题，如实验一中 SOA 上限设置不够，导致当 SOA 达到实验设定最大值时，返回抑制现象仍然存在，因此未能充分分析抑制作用持续时间的问题。另外，在本研究中采用的实验材料均为简单的形状，在一定程度上降低了研究的生态效度，后续研究中可以考虑使用图片或文字等有意义的材料。在本研究中单纯讨论了返回抑制的问题，未能顾及视觉搜索过程和其他认知过程，如与短时记忆之间的交互作用，返回抑制效应和 Simon 效应的交互作用等，后续研究可在这方面进行尝试。

关于成果应用。作为一部理论研究的著作，书中未能明确提出理论应用于实践的具体方案，将本研究结果真正转化为能够服务于学习障碍者的实用工具，还需要更多的思考和探索。

最后，引用伟大科学家布鲁诺的一句名言作为全书终结，愿以此自勉：

“智慧决不会在已经认识的真理上停止不前，而始终会不断前进，走向尚未被认识的真理。”

参考文献

中文参考文献:

[1]白学军,陈衍, 2012. 不同线索化条件下返回抑制时程年老化研究[J]. 心理与行为研究,10(6):401 -406.

[2]包燕,胡克松,肖小溪, 2006. 返回抑制容量研究:回顾与展望[J]. 心理科学进展,14(2):204 -209.

[3]钞秋玲,白学军,沈德立,等, 2007. 不同注意移动方式对返回抑制的影响[J]. 中国临床心理学杂志,15(4):363 -367.

[4]陈云云,晏碧华,2018. 高积极倾向个体对情绪声音的注意偏向:消失的返回抑制效应[J]. 中国临床心理学,26(6):1062 -1065 +1130.

[5]杜高明,黄娟,2008. 学习障碍的界定及社会建构说[J]. 中国特殊教育,12:82 -87.

[6]付佳,2010. 返回抑制对空间 Stroop 冲突解决的影响[D]. 长春:

东北师范大学.

[7]关荐,李文瑞,赵旭东,2018. 返回抑制和情绪信息注意偏向的竞争:来自眼动的证据[J]. 心理科学,41(6):1353 – 1358.

[8]黄月胜,刘树辉,张豹,等,2019. 外周与中心情绪信息的返回抑制效应[J]. 中国临床心理学,27(2):232 – 236.

[9]焦江丽,刘毅,闻素霞, 2017. 双语经验对老年人执行功能中返回抑制的影响[J]. 中国老年学,37(8):2030 – 2032.

[10]焦江丽, 王勇慧, 边国栋, 2009. 认知控制对基于位置和颜色的返回抑制的影响[J]. 心理与行为研究,7(1):44 – 49.

[11]焦江丽, 王勇慧, 闻素霞, 等,2010. 二次线索化对基于形状的返回抑制的影响[J]. 心理科学,33(1):181 – 183.

[12]李娜,代嘉幸,张丽华,2019. 攻击性信息对脆弱型高自尊大学生返回抑制的影响机制[J]. 心理科学,42(1):102 – 108.

[13]李晓轩, 王甦, 1998. 多个非线索化位置易化的一项实验研究[J]. 心理科学,21:394 – 398

[14]李晓轩, 王甦, 1999. 在不同注意定向条件下是否出现返回抑制的知觉优先[J]. 心理学报,31(3):241 – 248.

[15]李晓轩,王玉改, 1999. 注意中的返回抑制[J]. 心理学动态,7(3):7 – 12.

[16]刘希平,刘娜, 刘湍丽,2010. 觉察任务中线索有效性对儿童返回抑制发展的影响[J]. 心理科学,33(6):1412 – 1416.

[17]卢秀玲,张侃, 2017. 线索有效性对动作游戏玩家返回抑制的

影响[J]. 心理科学,40(2):258－262.

[18]马莹华，王小东，高淑清，等,2008. 学习困难大学生选择性注意的特征[J]. 中国健康心理学,16(8):873－875.

[19]潘亮,2011. 注意资源限制对小学儿童返回抑制容量的影响[D]. 保定:河北大学.

[20]彭姓,常若松,李奇,等,2019. 不同SOA下视觉返回抑制对视听觉整合的调节作用[J]. 心理学报,51(7):759－771.

[21]石芮,刘岩,张奇,2018. 颜色和形状工作记忆对非空间返回抑制效应的影响[J]. 心理科学,41(4):809－815.

[22]隋雪,2004. 学习困难生阅读过程的眼动特征[D]. 大连:辽宁师范大学.

[23]孙英红,佟月华, 2013. 假设检验CHC模式:特定学习障碍评估的新方法[J]. 中国特殊教育,17(2):57－63.

[24]孙俊才,石荣,2017. 哭泣表情面孔的注意偏向:眼动的证据[J]. 心理学报,49(2):155－163.

[25]唐晓雨,孙佳影,彭姓, 2020. 双通道分配性注意对视听觉返回抑制的影响[J]. 心理学报,52(3):257－268.

[26]王丽丽,郭亚桥,邱江,等, 2010. 返回抑制的认知神经机制:来自ERP研究的证据[J]. 心理科学,33(6):1422－1425.

[27]王敬欣,贾丽萍,白学军,等, 2013. 返回抑制过程中情绪面孔加工优先:ERPs研究[J]. 心理学报,45(1):1－10.

[28]王健,1997. 视觉注意选择性的认知心理学研究进展[J]. 应用

心理学,3(1):58-64.

[29]王均,王玉改,王甦,2000. 任务难度对于返回抑制出现时间的影响[J]. 心理科学,24(3):269-272.

[30]王凯旋,苗沂林,车晓玮,等,2018. 空间工作记忆负载对中央注视线索返回抑制的影响[J]. 心理发展与教育,34(6):649-655.

[31]王庆雄,静进,蔡小梅,等,2005. 非言语型学习障碍儿童视觉空间认知特征与行为问题[J]. 中国心理卫生,(1):15-18.

[32]吴燕,隋光远,2005. 美国学习障碍鉴别研究综述[J]. 中国特殊教育,(2):54-60.

[33]韦小满,杨希洁,刘宇洁,2012. 干预反应模式:学习障碍评估的新途径[J]. 中国特殊教育,(9):9-12.

[34]吴晓刚,施亮,李乐源,等,2017. 内隐情绪加工对返回抑制效应的调节[J]. 心理与行为研究,15(5):619-625.

[35]向友余,华国栋,2008. 近年来我国数学学习障碍研究述评[J]. 中国特殊教育,(7):62-67.

[36]徐菊,胡媛艳,王双,等,2016. 返回抑制训练效应的认知神经机制:来自ERP研究的证据[J]. 心理学报,48(6):658-670.

[37]徐欣颖,高湘萍,2017. 自我威胁刺激对返回抑制的影响[J]. 心理科学,40(2):296-302.

[38]曾守锤,2006.《学习障碍评价量表》修订报告[J]. 中国特殊教育,(6):92-96.

[39]龚文进,2006. 学习障碍视觉空间障碍研究概述[J]. 中国特殊

教育,(5):67 – 70.

[40]张凯峰,徐秀,刘静,等, 2013. 学习障碍儿童的视觉认知特征研究[J]. 中国儿童保健,21(9):926 – 928.

[41]张明,刘宁,2007. 视觉返回抑制的实验范式[J]. 心理科学进展,15(3):385 – 393.

[42]张明,张阳, 2006. 动态范式中基于客体的返回抑制[J]. 心理学报,38(6):798 – 804.

[43]张明,张阳, 2006. 中央线索化对动态范式中基于客体的返回抑制的影响[J]. 应用心理学,12(2):114 – 120.

[44]张明,张阳,付佳, 2007. 工作记忆对动态范式中基于客体的返回抑制的影响[J]. 心理学报,39(1):35 – 42.

[45]张阳,苗程菓,李艾苏,等,2019. 刺激放置朝向对返回抑制的影响:一项 ERPs 研究[J]. 心理科学,42(5):1054 – 1060.

[46]张阳,彭春花,孙洋,等, 2013. 视觉返回抑制的认知机制[J]. 心理科学进展,21(11):1913 – 1926.

[47]张修竹, 刘爱书, 张妍, 2012. 非言语型学习障碍儿童的视觉空间认知特点[J]. 中国特殊教育,(2):48 – 52.

[48]张艳青,2009. 返回抑制是否存在非线索化位置的易化[D]. 长春:东北师范大学.

[49]赵微,王津,吴师伟,2006. 我国学习困难研究的现状与展望[J]. 中国特殊教育,(1):91 – 96.

[50]郑允佳,吴文春,姜荣萍,2017. 注意焦点转换中的返回抑制与

更新过程有关[J]. 心理学探新,37(6):493 - 499.

[51]周建中,王甦, 2001. 连续和同时线索化条件下的返回抑制容量[J]. 心理科学,(3):269 - 272.

英文参考文献:

[1]Abrams R A, Dbkin R S, 1994. Inhibition ofreturn: Effects of attentional cuing on eye movementlatencies[J]. Journal of Experimental Psychology: Human Perception and Performance,20(3):467 - 477.

[2]Amieva H, Phillips L H, Della S S, et al, 2004. Inhibitory functioning in Alzheimer's disease[J]. Brain,127(5):16.

[3]Bartolomeo P, Chokron S, 2002. Orienting of attention in left unilateral neglect [J]. Neuroscience and Biobehavioral Reviews, 26 (2): 217 - 234.

[4]Batolomeo P, Chokron S, Sie'roff E, 1999. Facilitation instead of inhibition for repeatedright - sided events in left neglect[J]. Neuro Report, 10(16):3353 - 3357.

[5]Batolomeo P, Sieroff E, Decaix C, et al, 2001. Modulating the attentional bias inunilateral neglect: The effects of the strategic set [J]. Experimental Brain Research,137: 424 - 431.

[6]Bell A H, Fecteau J H, et al,2004. Using auditory and visual stimuli to investigate thebehavioral and neuronal consequences of reflexivecovert orienting[J]. Journal of Neurophysiology,91(5):2172 - 2184.

[7]Bennett P J, Pratt J, 2001. The spatial distribution of inhibition of return[J]. Psychological Science, 12(1):76 - 80.

[8]Berlucchi G, 2006. Inhibition of return: A phenomenon in search of a mechanism and a better name [J]. Cognitive Neuropsychology, 23(7): 1065 - 1074.

[9]Berlucchi G, Chelazzi L, Tassinari G, 2000. Volitional covert orienting to a peripheral cue does not suppress cue - induced inhibition of return [J]. Journal of Cognitive Neuroscience, 12(4):648 - 663.

[10]Boot W R, Mccarley J S, Kramer A F, et al, 2004. Automatic and intentional memory processes in visual search [J]. Psychonomic Bulletin & Review, 11(5):854 - 861.

[11]Briand K A, Klein R M, 1987. Is Posner's "beam" the same as Treisman's "glue"?: On therelation between visual orienting and feature integration theory [J]. Journal of Experimental Psychology: Human Perception and Performance, 13(2): 228 - 241.

[12]Brown J M, 2013. A sex difference in location - based inhibition - of - return [J]. Personality And Individual Differences, 54(6):721 - 725.

[13]Castel A D, Chasteen A L, Scialfa C T, et al, 2003. Adult age differences in the time course ofinhibition of return [J]. Journals of Gerontology B: Psychological Sciences and Social Sciences, 58(5): 256 - 259.

[14]Chica A B, Lupia'nez J, Bartolomeo P, 2006. Dissociating IOR from endogenous orienting ofspatial attention: Evidence from detection anddis-

crimination tasks [J]. Cognitive Neuropsychology,23:1015 -1034.

[15]Colmenero J M, Catena A, Fuentes L J, et al, 2004. Mechanisms of visual spatialorienting in deafness [J]. European Journal of Cognitive Psychology,16:791 -805.

[16]Connelly S L, Hasher L, 1993. Aging and theinhibition of spatial location [J]. Journal of Experimental Psychology: Human Perception and Performance,19C:1238 -1250.

[17]Corbetta M, Shulman G L, 2002. Control ofgoal - directed and stimulus - driven attention in thebrain [J]. Nature Reviews Neuroscience,3: 201 -215.

[18]Danckert J, Maruff P, Crowe S,et al, 1998. Inhibitory processes in covert orienting in patients withAlzheimer's disease [J]. Neuropsychology, 12:225 -241.

[19]Danzige S, Fendrich R, Rafal R D, 1997. Inhibitory tagging of locations in the blind field ofhemianopic patients [J]. Consciousness and Cognition,6:291 -307.

[20]Danziger S, Ward R, Owen V,et al, 2001. The effects of unilateral pulvinar damage in humans on reflexive orienting and filtering of irrelevant information [J]. Behavioral Neurology,13:95 -104.

[21]Dempsey R, Andres A,2011. Learning Disability and Attention Deficit/ Hyperactivity Disorder in Correctional Settings [M]. Chicago, Illinois, US: National Commission on Correctional Health Care (NCCHC).

[22] Dorris M C, Klein R M, Everling S, et al, 2002. Contribution of the primate superior colliculusto inhibition of return [J]. Journal of Cognitive Neuroscience, 14: 1256 – 1263.

[23] Dorris M C, Taylor T L, Klein R M, et al, 1999. Influence of previous visual stimulus or saccadeon saccadic reaction times in monkey [J]. Journal of Neurophysiology, 81: 2429 – 2436.

[24] Faust M E, Balota D A, 1997. Inhibition ofreturn and visual spatial attention in healthy olderadults and individuals with dementia of theAlzheimer type [J]. Neuropsychology, 11: 13 – 29.

[25] Fuentes L J, Boucart M, Alvarez R, et al, 1999. Inhibitory processing invisuospatial attention in healthy adults and schizophrenic patients [J]. Schizophrenia Research, 40: 75 – 80.

[26] Fuentes L J, Boucart M, Vivas A B, et al, 2000. Inhibitory tagging ininhibition of return is affected in schizophrenia: Evidence from the Stroop task [J]. Neuropsychology, 14: 134 – 140.

[27] Fuentes L J, Santiago E, 1999. Spatial andsemantic inhibitory processing in schizophrenia [J]. Neuropsychology, 13: 259 – 270.

[28] Fuentes L J, Vivas A B, Humphreys G W, 1999. Inhibitory tagging of stimulus properties ininhibition of return: Effects on semantic priming and flanker interference [J]. Quarterly Journal of Experimental Psychology, 52A: 149 – 164.

[29] Funes M J, Lupianez J, Milliken B, 2005. Therole of spatial at-

tention and other processes on themagnitude and time course of cueing effects [J]. Cognitive Processing, 6:98 – 116.

[30]Gibson B S, Egeth H, 1994. Inhibition of returnto object – based and environment – based locations [J]. Perception & Psychophysics, 55: 323 – 339.

[31]Gouzoulis – Mayfrank E, Heekeren K, Voss T, et al, 2004. Blunted inhibition of return in schizophrenia—evidence from a longitudinal study [J]. Progress inNeuropsychopharmacology& Biological Psychiatry, 28: 389 – 396.

[32]Handy T C, Jha A P, Mangun G R, 1999. Promoting novelty in vision: Inhibition of returnmodulates perceptual – level processing [J]. Psychological Science, 10:157 – 161.

[33]Hartley A A, Kieley J M, 1995. Adult age differences in the inhibition of return of visual attention [J]. Psychology and Aging, 10:670 – 683.

[34]Ivanoff J, Klein R M, 2001. The presence of anon – responding effector increases inhibition ofreturn [J]. Psychonomic Bulletin & Review, 8: 307 – 314.

[35]Ivanoff J, Klein R M, 2001. A speed accuracyanalysis of inhibition of return in go/no – go andchoice – RT tasks [J]. Journal of Experimental Psychology: Human Perception and Performance, 9: 312 – 322.

[36]Ivanoff J, Klein R M, Lupianez J, 2002. Inhibition of return interacts with the Simon effect: An omnibus analysis and its implications [J].

Perception & Psychophysics,64:318 -327.

[37]Jakobson A, &Kikas E, 2007. Cognitive functioning in children with and without attention - deficit/hyperactivity disorder with and without comorbid learning disabilities [J]. Journal ofLearning Disabilities,40(3): 194 -202.

[38]Kincade J M, Abrams R A, Astafiev S V, et al, 2005. An event relatedfunctional magnetic resonance imaging study ofvoluntary and stimulus - driven orienting of attention [J]. Journal of Neuroscience,25: 4593 -4604.

[39]Kirk S A, Elkins J, 1975. Characteristics of childrenenrolled in the child service demonstration centers [J]. Journal of Learning Disabilities, 8:630 -637.

[40] Klein R M, 1988. Inhibitory tagging system facilitates visual search [J]. Nature,334:430 -431.

[41]Klein R M, 1994. Perceptualmotorexpectanciesinteract with covert visual orienting under conditionsof endogenous but not exogenous control [J]. Canadian Journal of Experimental Psychology,48: 167 -181.

[42]Klein R M, 2000. Inhibition of return [J]. Trends in Cognitive Sciences,4:138 -147.

[43]Klein R M, Maclnnes W J, 1999. Inhibition ofreturn is a foraging facilitator in visual search [J]. Psychological Science,10:346 -352.

[44]Klein R M, Schmidt W C,Muller H J, 1998. Disinhibition of return: Unnecessary and unlikely [J]. Perception & Psychophysics, 60:

862 – 872.

[45] Krüger H M, Hunt A R, 2012. Inhibition of Return Across Eye and Object Movements: The Role of Prediction [J]. Journal Of Experimental Psychology: Human Perception And Performance, 10(3): 325 – 335.

[46] Langley L K, Fuentes L J, Hochhalter A K, et al, 2001. Inhibition ofreturn in aging and Alzheimer's disease: Performance as a function of task demands andstimulus timing [J]. Journal of Clinical and Experimental Neuropsychology, 23: 431 – 446.

[47] Larrison – Faucher A, Briand K A, Sereno A B, 2002. Delayed onset of inhibition of return inschizophrenia [J]. Progress in Neuropsycho pharmacology & Biological Psychiatry, 26: 505 – 512.

[48] Li C S, Chang H L, Lin S C, 2003. Inhibitionof return in children with attention deficit hyperactivity disorder [J]. Experimental Brain Research, 149: 125 – 130.

[49] Losier B J, Klein R M, 2001. A review of the evidence for a disengage deficit following parietal lobedamage [J]. Neuroscience and Biobehavioral Reviews, 25: 1 – 13.

[50] Lupianez J, Decaix C, Sieroff E, et al, 2004. Independent effects of endogenous and exogenousspatial cueing: Inhibition of return at endogenouslyattended target locations [J]. Experimental Brain Research, 159: 447 – 457.

[51] Lupianez J, Milan E G, Tornay F J, et al, 1997. Does IOR occur

in discriminationtasks? Yes, it does, but later [J]. Perception and Psychophysics,59:1241 – 1254.

[52]Macinnes J W, Klein R M, 2003. Inhibition ofreturn biases orienting during the search ofcomplex scenes [J]. Scientific World Journal,3: 75 –86.

[53]Mammarella I,2010. Visual Perception and Memory Impairments in Children at Risk of Nonverbal Learning Disabilities [J]. Child Neuropsychology,16(6): 564 –576.

[54]Miranda A, Soriano M, Fernández I,et al, 2008. Emotional and behavioral problems in children with attention deficit – hyperactivity disorder: Impact of age and learning disabilities [J]. Learning Disability Quarterly,31 (4): 171 –185.

[55]Mclntyre C L,1981. Visual Search in Learning Disabled and Hyperactive Boys [J]. Journal Of Learning Disabilities,14(3):878 –886.

[56] Mcgrady H J, Olson D A, 1970. Visual and auditory learning processes in normal children and children with specific learning disabilities [J]. Exceptional Children,36(8):581 –589.

[57]Macpherson A C, Klein R M,Moore C, 2003. Inhibition of return in children and adolescents [J]. Journal of Experimental Child Psychology, 85(4):337 –351.

[58]Maylor E A, Hockey R, 1985. Inhibitorycomponent of externally controlled covertorienting in visual space [J]. Journal of ExperimentalPsy-

chology: Human Perception and Performance, 11:777 –787.

[59]Mccarley J S, Wang R F, Kramer A F, et al, 2003. How much-memory does oculomotor search have? [J]. Psychological Science,14: 422 – 426.

[60]Mccrae C S,Abrams R A, 2001. Age – relateddifferences in object – and location – based inhibitionof return of attention[J]. Psychology and Aging, 16:437 –449.

[61]Müller H J, Rabbitt P M, 1989. Reflexive andvoluntary orienting of visual attention: time courseof activation and resistance to interruption[J]. Journalof Experimental Psychology: Human Perception and Performance,15: 315 –330.

[62]Naglieri J A, Das J P,1988. Planning – Arousal – Simultaneous – Successive (PASS): A model for assessment[J]. Journal Of School Psychology, 26(1):35 –48.

[63]Nelson E, Early T S, Haller J W, 1993. Visualattention in obsessive – compulsive disorder[J]. Psychiatry Research, 49:183 –196.

[64]Pihl R, 1982. Learning disability:An inability to sustain attention [J]. Journal Of Clinical Psychology,38(3):632 –634.

[65]Poliakoff E, O'Boyle D J, Moore A P, et al, 2003. Orienting of attention and Parkinson's disease: Tactile inhibition of return and response inhibition[J]. Brain,126: 2081 –2092.

[66]Posner M I, Rafal R D, Choate L S, et al, 1985. Inhibition of re-

turn: Neuralbasis and function[J]. Cognitive Neuropsychology,2:211 -228.

[67]Posner M I, Walker J A, Friedrich F J, et al, 1984. Effects of parietal injury on covertorienting of attention[J]. Journal of Neuroscience,4: 1863 -1874.

[68]Prime D J, Ward L M, 2004. Inhibition ofreturn from stimulus to response[J]. Psychological Science,5: 272 -276.

[69]Rafal R, Calabresi P A, Brennan C W, et al, 1989. Saccade preparation inhibits reorienting torecently attended locations[J]. Journal of ExperimentalPsychology: Human Perception and Performance, 15:,673 - 685.

[70]Rankins D, Bradshaw J, Moss S,et al, 2004. Inhibition of return in obsessivecompulsive disorder[J]. Journal of the International Neuropsychological Society,10: 54 -59.

[71]Reuter -Lorenz P A, Jha A P, Rosenquist J N,1996. What is inhibited in inhibition of return? [J]. Journal of Experimental Psychology: Human Perception and Performance,22: 367 -378.

[72]Richards J E, 2000. Localizing the development ofcovert attention in infants with scalp event - relatedpotentials [J]. Developmental Psychology, 36:91 -108.

[73]Roelofs K, Vangalen G P, Eling P,et al, 2003. Endogenous andexogenous attention in patients with conversionparesis [J]. Cognitive Neuropsychology,20: 733 -745.

[74]Samuel A G, Kat D, 2003. Inhibition of return: Agraphical meta - analysis of its time course and anempirical test of its temporal and spatial properties [J]. Psychonomic Bulletin & Review, 10:897 - 906.

[75]Sapir A, Hayes A, Henik A, et al, 2004. Parietal lobe lesions disrupt saccadicremapping of inhibitory location tagging [J]. Journal of Cognitive Neuroscience, 16:503 - 509.

[76]Sapir A, Henik A, Dobrusin M, et al, 2001. Attentional asymmetry in schizophrenia: Disengagement and inhibition of return deficits [J]. Neuropsychology, 15:361 - 370.

[77]Sapir A, Rafal R, Henik A, 2002. Attending tothe thalamus: Inhibition of return and nasal - temporal asymmetry in the pulvinar [J]. Neuroreport, 13:693 - 697.

[78]Sapir A, Soroker N, Berger A, et al, 1999. Inhibition of return in spatial attention: Direct evidence for collicular generation [J]. Nature Neuroscience, 2: 1053 - 1054.

[79]Satel J, Hilchey M D, Wang Z G, et al, 2013. The effects of ignored versus foveated cues upon inhibition of return: An event - related potential study [J]. Attention, Perception, & Psychophysics, 75(1):29 - 40.

[80]Schmidt W C, 1996. "Inhibition of return" withoutvisual input[J]. Neuropsychologia, 34:943 - 952.

[81]Seidman L J, Biederman J, Monuteaux M C, et al, 2001. Learning disabilities and executive dysfunction in boys with attention - deficit/hy-

peractivity disorder[J]. Neuropsychology, 15(4): 544 – 556.

[82] Semrud – Clikeman M, Walkowiak J, Wilkinson A, et al, 2010. Neuropsychological differences among children with Asperger syndrome, nonverbal learning disabilities, attention deficit disorder, and controls[J]. Developmental Neuropsychology, 35(5): 582 – 600.

[83] Spence C, Lloyd D, Mcglone F, Nicholls M E, et al, 2000. Inhibition of return is supramodal: A demonstration between all possible pairings ofvision, touch, and audition [J]. Experimental Brain Research, 134: 42 – 48.

[84] Slagter H A, Prinssen S, Reteig L C, et al, 2016. Facilitation and inhibition in attention: Functional dissociationof pre – stimulus alpha activity, P1, and N1 components[J]. Neuroimage, 125(6): 25 – 35.

[85] Sumner P, 2006. Inhibition vs. attentional momentum in cortical and collicular mechanisms of IOR[J]. Cognitive Neuropsychology, 23: 1035 – 1048.

[86] Sumner P, Nachev P, Vora N, et al, 2004. Distinct cortical and collicularmechanisms of inhibition of return revealed with Scone stimuli[J]. Current Biology, 14: 2259 – 2263.

[87] Takeda Y, Yagi A, 2000. Inhibitory tagging invisual search can be found if search stimuli remainvisible[J]. Perception & Psychophysics, 62: 927 – 934.

[88] Tassinari G, Aglioti S, Chelazzi L, et al, 1987. Distribution in the

visual fieldof the costs of voluntarily allocated attention and ofthe inhibitory after – effects of covert orienting [J]. Neuropsychologia,25: 55 – 71.

[89]Tassinari G, Aglioti S, Chelazzi L, et al, 1994. Do peripheral non – informativecues induce early facilitation of target detection? [J]. Vision Research,34:179 – 189.

[90]Tassinari G, Berlucchi G, 1993. Sensory andattentional components of slowing of manual reaction time to non – fixated visual targets by ipsilateralprimes[J]. Vision Research,33: 1525 – 1534.

[91]Tassinari G, Biscaldi M, Marzi C A, et al, 1989. Ipsilateral inhibition and contralateralfacilitation of simple reaction time to non – fovealvisual targets from non – informative visual cues [J]. Act Psychologica, 70: 267 – 291.

[92]Taylor T L, Klein R M, 1998. On the causes andeffects of inhibition of return[J]. Psychonomic Bulletin &Review,5: 625 – 643.

[93]Taylor T L, Klein R M, 2000. Visual and motoreffects in inhibition of return [J]. Journal of Experimental Psychology: Human Perception and Performance, 26:1639 – 1656.

[94]Tipper S P, Driver J, Weaver B, 1991. Object centred inhibition of return of visual attention [J]. Quarterly Journal of Experimental Psychology,43A:289 – 298.

[95]Tipper S P, Rafal R, Reuterlorenz P A, et al, 1997. Object – based facilitation and inhibition from visual orienting inthe human split – brain

[J]. Journal of Experimental Psychology: Human Perception and Performance,23:1522 – 1532.

[96]Tipper S P, Weaver B, Jerreat L M, et al, 1994. Object – based and environment – basedinhibition of return of visual attention[J]. Journal of Experimental Psychology: Human Perception and Performance, 20: 478 – 499.

[97]Valenza E, Simion F, Umilta'c, 1994. Inhibition of return in newborn infants[J]. Infant Behaviour and Development,17: 293 – 302.

[98]Van Der Stoep N, Van Der Stigchel S, 2015. &Nijboer T C W. Exogenous spatial attention decreases audiovisual integration[J]. Attention, Perception, & Psychophysics,77(2):464 – 482.

[99]Van Der Stoep N, Van Der Stigchel S, Nijboer T C W,et al,2016. Visually induced inhibition of return affects the integration of auditory and visual information[J]. Perception, 46(1): 6 – 17.

[100]Vivas A B, Humphreys G W, Fuentes L J, 2003. Inhibitory processing following damageto the parietal lobe[J]. Neuropsychologia, 41: 1531 – 1540.

[101]Vivas A B, Humphreys G W, Fuentes L J, 2006. Abnormal inhibition of return: A reviewand new data on patients with parietal lobedamage [J]. Cognitive Neuropsychology,23:1049 – 1064.